# プロフェッショナルの働き方

PHP
Business Shinsho

Shunsuke Takahashi
高橋　俊介



PHPビジネス新書

# はじめに

「なんのために働いているのか」

「なぜ、いまの仕事をしているのか」


これらの問いに、あなたは明確に答えられますか。

そんなこと考えたこともない。

働くことに意味なんてあるの？

こういう人は要注意です。

戦後の貧しい時代は、働くのは食べていくことと同義だったし、高度成長期には、学校を卒業したら会社に入って、そこで定年まで勤めることが社会の常識だったので、働くことの意味を問う必要はありませんでした。

しかし、現在は違います。もはや終身雇用も年功序列も機能しているとはいい難く、突然の企業破綻《はたん》や事業撤退などが、誰にとっても無縁ではなくなりました。かつては毎日まじめに会社に行っていれば、十年、二十年先の人生まで容易に見通せたのに、いまは一年後に世の中がどうなっているかすら、誰も正確に言い当てることはできない。

そんな時代だからこそ、働く意味を考えることが大事なのです。それがないと毎日どんなに一生懸命働いても、先の見えない不安から逃れられず、やがて働くこと自体がどんどんつらくなります。

それにしてもこの国では、いったいどれくらいの人が、働くということの意味を自覚しているのでしょう。

その実態を正確に調査するために、私は自らが座長となって、二〇一〇年一月に慶應義塾大学SFC研究所キャリア・リソース・ラボラトリ（代表　花田光世氏）と、リクルートワークス研究所双方の協力のもとに「21世紀のキャリアを考える研究会」を立ち上げ、東日本大震災をはさんで十八カ月に及ぶ調査を行いました。

具体的にいうと、日本を代表する大企業や外資系企業十三社にご協力いただいて、合計七千人近いビジネスパーソンを対象としたアンケート調査と、同じく約百十五人の個別キャリアインタビューを実施。さらに、それらの結果を、二十代から五十代まで世代別に分析しました。

私が最も驚いたのは、四十代の人たちの意識です。この世代というのは働き盛りであるにもかかわらず、自分が何のために働いているかということをきちんと考えている人の割合が、他の世代に比べ明らかに低い。

四十代というのは従来の日本企業でいえば、管理職の肩書が与えられる年代です。一方で、現在の四十代というのは、日本経済がバブル景気にわいていた真っ最中に入社しているためボリュームが大きく、どの会社でも過剰感が強いという特徴があります。

山一証券が破綻した一九九〇年代後半を思い出してください。景気の低迷にともない業績が悪化した企業は、それまで聖域と思われてきた正社員の雇用に手をつけ始めます。そのときリストラの対象となったのが、年功制で働きに比べ給与負担の比重が大きい五十代の、いわゆる団塊以上の世代の人たちでした。

同じことが数年後に、いまの四十代に起こる可能性は決して小さくありません。

幹部に昇格できるのはほんのひとにぎりです。専門職に就いている人も、その実態は会社が便宜的につくった専門職制度であって、本当に特殊な技能をもった真の意味での専門職となると、ほとんどの人は該当しないでしょう。

管理職にもなれない、専門職としてもつぶしがきかない、それでもあと二十年は働かなければならないとしたら、いったいどうすればいいのでしょうか。それには、顧客や会社に対し価値を生み出し、なおかつイキイキとした日々が送れる働き方を考え、準備しておくしかないはずです。

それなのに、そういう自覚ももたず、仕事観も確立していない四十代が多いという事実には、空恐ろしさすら感じざるを得ません。

この四十代に対し、仕事やキャリアについて実によく考えているのが二十代の若者です。こういう仕事がしたい、こういうキャリアをつくりたいという明確な意思をもった人の割合は、他の年代に比べ二十代が群を抜いています。プロフェッショナル志向が強いのも、この世代の特徴です。

この背景に、彼らを取り巻く厳しい就職環境があることは想像に難くありません。自分は何をやりたいのかとか、何のプロとして一生食べていくのかとか、そういうことを就職活動を通して問われ続けた結果、入社前から仕事観やキャリア観がある程度できあがっているのです。

ただし、これにも問題があります。学生のうちから内省を繰り返し、「自分のやりたいことはこれ」と仕事や人生の目標を決め、面接でもそんな自分の思いを目を輝かせながら語る「内省過剰キャリア派」というのは、入社後に、自分の考えるキャリア形成と直接結びつかないような仕事を与えられると、「これは私のやりたいことではない」「こんなことをやっていても時間の無駄だ」と感じ、途端にやる気を失ってしまいがちなのです。

また、食いっぱぐれる心配がなく、休みは十分あって、ワークライフバランスも実現できる職種でなければ嫌だというような「功利的キャリア派」というタイプも二十代にはしばしばみられます。でも、そんな仕事はまずありませんから、いくらキャリア観が確立しているといっても中身がそれでは、社会に出て厳しい現実を突きつけられ、途方に暮れるのは避けられないでしょう。同じように、資格をひとつ取って一生それで食べていこうと考える人も一緒です。
だいたい、職業経験もない状態で、自分の本当にやりたいことなどわかるはずがありません。それに、キャリアというのは目標を定め、そこから逆算して最短距離を行こうと思っても、決してうまくいくものではないのです。

キャリア研究の世界的権威であるスタンフォード大学のクランボルツ教授の提唱する「計画的偶然性理論」によれば、キャリアの八割は予想外の偶発的な出来事によって決定されるとのこと。つまり、現代のような変化の激しい時代においては、想定外のことがかなりの確率で起こるので、事前の計画どおりものごとが進まないほうが、むしろ自然なのです。

そう考えると、大事なのは目標を立てて効率的にそこに向かうことではなく、偶然のチャンスを引き寄せる日ごろの働き方や、偶然性を高める人間関係の構築に投資することのほうだといえます。

同時に、現代社会では誰もが、好む好まないにかかわらず、人生のかなりの部分を仕事に費やさざるを得ないのですから、長期にわたって充実感と働きに見合う収入を確保しながら、第一線で働くというイメージを持ち続けることも忘れてはならないのです。それは、プロフェッショナルとしての働き方を模索し続けることだと言い換えてもいいかもしれません。

従来、人材開発といえば、企業の人事部に所属する人たちの仕事でした。ところが、最近はプロフェッショナルとしてその種の仕事を手掛けるキャリアアドバイザーなどの人たちが、目立って増えてきています。彼らの高い専門性や、顧客意識をもった主体的な働き方は、サラリーマンのそれとは似て非なるものです。

私がこの春から沖縄で手掛けている「人材開発プロフェッショナル養成講座」（那覇シティーキャンパス推進実行委員会主宰）にも、こういう人たちが数多く参加しています。彼らはこの分野で生涯プロフェッショナルとしてやっていくんだという気持ちが強いので、講座に取り組む姿勢もとりわけ真剣です。

想定外の変化が当たり前の二十一世紀的仕事環境・経済環境において、長い間第一線に立ち、価値を提供し続けるにはどうしたらいいのか。そのひとつの答えが、プロフェッショナルという働き方です。

プロフェッショナルというと、これまでは専門性や資格、制度の問題として扱われることがほとんどでした。しかしながら、プロフェッショナルの本質というのは、そういう表面的な部分ではなく、日々の働き方にあるのです。

本書では、これまで私が行ってきたビジネスパーソンのインタビューや、企業の事例研究をもとに、プロフェッショナルの働き方の神髄を明らかにしていきます。

二〇一一年十二月

高橋俊介

# プロフェッショナルの働き方◎目次

## 2 四十五歳現場引退モデルの限界　34



## 3 プレイングマネジャーの問題　53



## 4 一生第一線の仕事を続けられる人　57

## 第2部　プロフェッショナルの条件

## おわりに

# 第1部　生涯第一線の時代

# 1　ピラミッド組織から自律組織へ

## プロフェッショナルとは何か

プロフェッショナルというのは、「プロ野球（選手）」のように、アマチュアではなくそれを職業としている（人）か、もしくはジェネラリストの対極に位置する専門性の高い人を指す言葉として、日本ではごく普通に使われていますが、もともとはキリスト教の聖職者のことです。

そこから転じて現代では「高度な専門性を活用し、個別性が高い問題に対して第一線で創造的に価値を生み出す職業。政治的意図や株主価値、組織都合などのバイアスを排除し、クライアント（依頼主）の意向のみを重視する、きわめて独自性の強い職業団体や職業集団」というのが、プロフェッショナルの定義になっています。

たとえば、高い専門性で一人ひとり患者の心身の健康に関する問題を解決する医者はプロフェッショナルだし、法律の専門家として依頼者の問題解決にあたる弁護士も同様です。

そのような要件を充たさず、単に職業としてやっているだけでは、プロフェッショナルとはいえません。また、専門性が高い仕事に従事していても、その専門性で個別の顧客の問題を解決し、そこで価値を提供するという働き方をしていない人も、本来の意味のプロフェッショナルではないのです。

逆に、組織で働いている人であっても、専門性の高い技能をもち、組織の論理よりも顧客への提供価値を重視し、自律的に行動できる、もしくはそういう仕事観や思考行動特性の持ち主であるならば、その人は広義のプロフェッショナルであるといえます。

そして現代は、そういうプロフェッショナルとしての働き方ができる人が求められているのです。

## ビジネスモデルの変化で働き方が変わった

プロフェッショナル型の働き方ができる人が求められている理由のひとつが、ビジネスモデルの変化です。

たとえばコンピュータ業界。かつては高性能のメインフレーム（大型汎用機）を売って利益を得るというのが一般的なビジネスモデルでした。ところが、やがて主力商品のメインフレームがパーソナル・コンピュータに取って代わられコモディティー化していくと、収益源はハードからソフトにシフトしていきます。

さらに、マシンのスペックは上がり、クラウド化なども進んで、コンピュータの用途がますます広がると、今度は利用者のほうが、その便利な機能のうちどれが自分の真のニーズに合致するのかがわからないという事態が起こってきました。

そうなると、まず顧客が困っている問題を明確にし、その問題の解決方法を提案するなかで、コンピュータのソフトやハードを一緒に勧めるというやり方でないと売れません。それで、現在では、このようなソリューション型ビジネスモデルが主流になっているのです。

ビジネスモデルが変化すれば、適した営業のスタイルや資質も当然変わってきます。従来のようなプッシュ営業ではなく、顧客の立場になってオーダーメイドの解決策を考え提案するスタイルでなければ、パフォーマンスは上がらないでしょう。プロフェッショナル型の働き方が求められているというのは、こういう理由なのです。

実は、顧客と一緒になって問題解決に取り組むタイプの営業パーソンというのは、これまでも少なからずいました。そういう人は会社の都合よりも顧客のことを考え、身を粉にして尽くそうとするので、お客さんからは絶大な信頼を得るものの、従来のピラミッド型組織では異端扱いされ、出世競争においても蚊帳の外に置かれるケースが多かったものです。
そういう人たちに、いま光が当たりはじめているのです。

## 臨機応変に対処できるのは自律組織

広告代理店や商社のような「ミドルマン」と呼ばれる業態の人たちのビジネスモデルも変化してきています。

ものを右から左へ動かして鞘を抜くというコミッションモデルでは、十分な利益が得られなくなったので、現在は多くの企業が、コミッション（手数料）ではなく提供価値に対するフィー（報酬）や、自らリスクを取る投資に対するリターンを収益源とするビジネスモデルに転換しました。

証券会社も、株式売買手数料が固定化されていたころは、売買の回転数を増やすことでコミッションを稼ぐのが、営業パーソンの使命だったといっていいでしょう。しかし、後に売買手数料が自由化されるようになると、各社が競争で手数料額を引き下げたため、以前ほど手数料収入が入らなくなりました。加えて投資家保護の機運の高まりから、コンプライアンスがうるさくいわれるようになってきたこともあって、コミッションモデルは証券業界においても成り立たなくなりつつあります。

代わって浮上してきたのが、ファイナンシャルアドバイザーと呼ばれるプロフェッショナルたちが、時間をかけて顧客と信頼関係を築き、より多くの資産を預けてもらい、その預かり資産に対するフィーで儲けるという新しいモデルです。世界の潮流は明らかにこちらであり、日本もまた例外ではありません。

このように、社員の働き方がプロフェッショナル型になると、組織の形態も自ずと変わってきます。

プッシュ型営業が中心のときは、全社一体で「ＷＨＡＴ→ＨＯＷ→ＤＯ→ＣＨＥＣＫのサイクル」を分業して行うピラミッド組織でよかったのです。つまり、会社側の営業戦略を優先して、中間管理職がＷＨＡＴをＨＯＷに分解し、平社員はもっぱらＤＯを担当するというモデルです。

ところが、顧客一人ひとりに対し個別に対応することを求められるようになると、個人やチームが独自にWHAT→HOW→DO→CHECKのサイクルを、顧客接点で回すことができる、自律性の高い組織であることが求められます。「自律組織にしろ」と口で言うのは簡単ですが、それは第一線の一人ひとりの働き方改革であり、仕事のプロフェッショナル化を意味するので、そう簡単なことではありません。

また、経営の予測可能性が高く、管理がしやすい時代には、長期的な戦略を立て、それを分解して実行することができるので、ピラミッド組織が適していました。しかし、現在のように市場環境の変化が大きいと、先が読めず長期戦略自体が成り立たず、変化に臨機応変に対処できる自律性に分があるということになります。

## 鉄道の運転士とパイロットはどこが違うか

予測可能性に関してもう少し丁寧に説明しておきましょう。それには、鉄道の運転士と飛行機のパイロットを思い浮かべてもらうのがいいと思います。

予測可能性が高いのは、もちろん鉄道の運転士のほうです。自分のところで管理している線路の上を、あらかじめ定められたダイヤに則って走る鉄道は、天候の変化にも強く、不測の事態が起こる確率は極めて低いといえます。また異常時は鉄道全体を管理している中央の指令室から出る指示に従えばよく、運転士の自己判断が求められるような局面は、ほとんどないといってもいいでしょう。

これに対し飛行機の航路は、線路のように固定してはおらず、天候等の影響も電車の比ではありません。そして、さまざまな条件下で機体をどう操縦し、どのように運行するかは、パイロット自身の判断に委ねられています。

私自身も、かつてこんな経験をしました。私の乗った広島空港行きの飛行機が、着陸を前に、空港上空で足止めを食ってしまったのです。滑走路を覆う深い霧が原因でした。

飛行機は二度着陸態勢に入りましたが、いずれも途中で断念し、再上昇を繰り返します。それでも、状況をみて三度目のトライをするのだろうと思っていたら、機長から「広島空港に着陸することはあきらめ、福岡空港に行き先を変更する」というアナウンスが入りました。

「いまからすぐに福岡空港に向かえば、福岡で新幹線に乗り換えて、当日中に広島に到着することができるが、もう一度着陸を試みてうまくいかなかった場合、それから福岡空港に向かっても、広島行きの新幹線に間に合わなくなる」というのが、行き先変更の理由です。

私は、機長のこの判断を聞き、冷静かつ妥当な判断だと納得しました。このようなイレギュラーな状況で判断が求められた場合、判断に必要な情報をもっているのは現場の機長です。機長に判断を任せられないようでは、臨機応変に変化に対応できません。ですから機長は、プロフェッショナルとしての十分な訓練を受けて育成されるわけです。

このように、航空機の操縦は鉄道に比べ、予測可能性や管理可能性が相対的に低い。だから、その分プロフェッショナル性が求められるのです。

## 緊急事態に対応する全日空のフライト・トレーニング

とくに緊急事態において的確な判断を行うためには、判断できる能力をもった人にその権限が与えられており、なおかつ判断に必要な情報が集められていることがとても重要になります。

二〇一一年三月十一日の東日本大震災後に発生した、東京電力福島第一原子力発電所の事故で、対応がことごとく後手に回ったのは、現場に情報があり、判断のできる人がいたにもかかわらず、判断の権限が現場から遠く離れた本社にあったのが原因だといっていいでしょう。

スタンフォード大学名誉教授の青木昌彦氏は、産業構造の複雑度やリスク度合いが高まるにつれ、意思決定の方法も上意下達（トップダウン）型からすり合わせ型、そして開放ルール型にシフトしていかないと、組織がうまく機能しないと指摘しています。

高度に専門化した現場で起こったことまで、すべてトップが下すことは不可能だし、これまでの日本の組織がそうだったように、時間をかけてすり合わせを行っていたら、対処の時期を逃してしまいかねません。

そこで、こうなった場合はここまで任せるという、各モジュール間の意思決定の分担ルールをあらかじめ決めておいて、そのうえでそれぞれのモジュールの責任者に判断の権限を与える開放ルール型が、自律性の高い組織においては不可欠なのです。

航空機のパイロットには行き先を変更するような大きな権限が与えられており、判断に必要な情報が機長の下に集まるようにもなっています。しかし、肝心のパイロットに判断を下せるだけの能力が備わっていなければ、やはりうまくいきません。そこで、航空会社はどこも、パイロットの技量を維持向上するためのトレーニングに力を入れているのです。

たとえば、全日空では、すべてのパイロットが年間一回以上ＬＯＦＴ（ライン・オリエンティッド・フライト・トレーニング）と呼ばれる訓練を受けることが義務づけられています。

シミュレーターを使って実際と同じように離陸から着陸までの操縦を行うのですが、その際、車輪が格納できないとか、客室から異音がするとかいったさまざまなトラブルが発生するので、訓練を受けている人は、その都度それに対応しなければなりません。さらに、その模様は逐一ビデオに録画され、訓練終了後に教官と本人でそれを見ながら、対応が適切だったかの検証も行います。

緊急事態に落ち着いて適正な行動を行うためには、このような日ごろの準備がものをいうのです。

## ファーストリテイリングのスーパースター店長制度

能力をもった人に権限を与え、情報を集めているという点では、ファーストリテイリングのスーパースター店長制度もそうです。

もともとファーストリテイリングは、社名の由来がオペレーションを標準化することによって、商品を素早く（ファースト）提供することができる小売業（リテイリング）であることからもわかるように、店長の業務が極力マニュアル化されています。

しかしながら、オペレーションの七割がカウンター内で行われていて、予期せぬ出来事の起こる可能性が低いファーストフード業界などと違って、品出しの最中に突然お客さんが声をかけるというようなことが煩雑に起こる売り場は、管理可能性や予測可能性がファーストフードほど高くありません。

そうすると、現場の人間がマニュアルどおりにしか動けないと、逆に業務に支障をきたすことになってしまいます。

そこで、ファーストリテイリングでは、基本的な仕事を確実に遂行できると判断した店長に対しては、標準化の部分を限定し、それ以外は自由にやっていいという権限を与えました。これがスーパースター店長制度です。

その代わり、その資格を得た店長は、自分が試したやり方で成果が出たら、それを全社に公開したり、商品提案などに結びつけることで、全社的な貢献が求められます。そして、他の店舗がそれを参考にして業績が上がった場合などは、それが賞与の評価に加味されるのです。

このように、目の前の顧客の要求に臨機応変に応えなければならない小売業や接客型サービス業の本質は、生産と消費が顧客接点で同時に行われるというところにあります。それゆえ、そういう状況で自律的に意思決定ができるプロフェッショナル人材の重要度が高いのです。

自らの企業価値を「心のこもったおもてなしと快適さ」と定めるザ・リッツ・カールトンが、それを実現するために、従業員への大幅な権限委譲を行っているのも、星野リゾートの星野佳路社長が第一線のエンパワーメント（権限委譲）を強調するのも、そんな自分たちの業態特性を熟知しているからにほかなりません。

## 2　四十五歳現場引退モデルの限界

### 大企業のキャリアモデルは崩壊した

一定の年齢になると現場を離れ、管理職となるか管理、間接部門に移る、あるいはグループ企業に天下る。日本の官庁や大手企業では、おおむねこのようなキャリアモデルが成立していました。

しかし、すでにこのモデルはその歴史的役割を終え、現在では完全に破綻しているといわざるを得ません。

なぜなら、民間企業で現場を一丁上がった人たちを端から管理職にしたり、管理、間接部門に置いたりしたら、会社全体の間接人件費が高くなりすぎて収益を大きく圧迫するからです。

では、彼らをグループ会社に押し込むのはどうでしょう。そんなことをすれば、その会社に元からいる社員のモチベーションが下がるのは避けられず、業績にも当然影響してくるはずです。

それに、かつては子会社や孫会社に含み損を抱えさせて、本社の決算数字をよくみせるという手法は、わりと普通に行われていましたが、いまは会計制度が変わって連結決算が重視されるようになったので、グループ内に業績の悪い会社があると、経営上たいへんまずいことになってしまいます。

また、社員を受け入れてもらう見返りとして、本社が外部に仕事を発注する際、間に受け入れ先の子会社や孫会社を通すことでそこに利益を落とすという、以前はよくやられていたやり方も、いまでは通用しません。昨今の厳しい経営環境下で、中抜き分を上乗せした金額で外部に発注しているようでは、競争に勝てるわけがないからです。

## 官公庁のキャリアモデルも限界を迎えている

一方、官庁の伝統的なキャリアモデルには天下りに加え、幹部に昇進すると一年ごとにポストを異動するという特徴がありますが、これもすでに賞味期限が切れています。たった一年では、せいぜい前任者から引き継いだ喫緊の課題を解決するのが精一杯で、腰を据えて新しい変革に取り組むようなことは不可能です。もし民間企業でいまこんなことをやっていたら、その会社はとっくにつぶれているでしょう。

ただ、本当は内部の人だって、ポストの長が一年で変わるのはおかしいと、薄々感づいているのだと思います。でも改めることができないのは、それがこれまでずっと信じてきたキャリアモデルの根幹を成す部分だからです。いまさらキャリアモデルをつくり直すのは嫌だ、そんなことをしたら人生設計そのものが狂ってしまう、そう考える人が圧倒的多数を占めるので、異動までの期間を三年や五年に延長しようという声が、組織の一部からあがっても、すぐに反対の声にかき消されてしまうのです。

それから、官庁には、経験豊富で専門知識をもつノンキャリアが実務を担当するというモデルもありますが、これも時代遅れの感は否めません。いまは役所といえども昔のように仕事が固定化しているということはなく、取り巻く状況は日々変化し、同時にグローバル化の波にもさらされています。それゆえ、長い職務経験に裏打ちされた実務能力だけでは対応できないのです。

むしろ、いま実務の分野に求められているのは、理論を体系的に把握し、なおかつ最先端の研究や事例を知っていて、いざというときはそれらにアクセスできる人脈やネットワークももっている人だといえます。そういう人でないと、時代に即した企画はつくれないのです。

このように、経験至上主義の専門家であるノンキャリアが実務を担い、ジェネラリストのキャリアが一般的なマネジメントを行うというモデルは、完全に世の中のニーズと合わなくなっています。それなのに、官庁内部の人たちはいまだにそのことに気づいておらず、有効な対処もできていない。これは大問題だといわざるを得ません。

民主党政権になって、公務員の天下りにはようやくメスが入りました。しかし、天下りを禁止し、ノンキャリアからも幹部を選ぶようにしても、それだけでは不十分です。キャリアとノンキャリアの役割を再定義し、分野ごとのプロフェッショナルを育てるとともに、一人ひとりにプロフェッショナルとして職務と人生を全うする覚悟をもたせる、これらができて初めて根本的な解決だといえます。

これは中央官庁だけではなく、地方自治体においてもまったく同じことがいえます。

高齢化社会への対応や、観光資源の開発とピーアールなど、現在全国の地方自治体が抱えるさまざまな課題は、どれも高度な専門性をもったプロフェッショナルがいなければ解決できないからです。

たとえば、以前は単なる田舎の温泉にすぎなかった熊本県の黒川温泉は、ブランド化が成功したおかげで、現在では、県外からもたくさんの人が訪れる全国でも有数の温泉地に生まれ変わりました。

しかし、ピーアールすればどこも黒川温泉のようにメジャーになれるというわけではありません。地域内の温泉地をブランド化して観光客を集めようと考えるなら、担当者には単に観光課の経験が長い人や、役所内のいろいろな仕事をやってきたジェネラリストではなく、きちんとしたブランディングの知識をもったプロフェッショナルを充てる必要があります。

また、そういう人を育てるには、職員を大学院に通わせてマーケティングを勉強させたり、民間企業の広告宣伝部に出向させたりする仕組みもつくらなければならないでしょう。

それに加えて、地域に入り込んで、さまざまな人の話に耳を傾け、その上で自分のシナリオに多様な人たちを巻き込んで実現を推進する、ヨコのリーダーシップが必須です。ヨコのリーダーシップとは、組織の縦関係や命令権限に頼らずに、多様な人を巻き込み、動かしていく能力です。スペシャリストはその存在意義自体が専門性ですが、プロフェッショナルにとって専門性は手段の一つにすぎません。あくまでそれを用いて問題解決を主体的にできることが求められているのです。

このように、それまでのジェネラリスト集団ではなく、プロフェッショナルを育てるという発想をもたないと、地方自治体もまたこれからは地域に価値を生み出すことができない時代になっているのです。

## 四十五歳＝管理職ではなくなった

ピラミッド組織とプッシュ営業というこれまでのビジネスモデルが変わりつつあるということも、四十五歳現場引退モデルが機能しなくなった背景のひとつだといえます。

もともと日本の大手企業は、そのほとんどがピラミッド組織でした。最初に大きな計画を立て、それを分業の形にして上から下に割り当てるというビジネスモデルと最も相性がいいのがピラミッド組織だったのです。

もう少し詳しく説明すると、まず分業の結果、第一線では仕事が極力単純化されます。単純化というのは要するに、仕事を標準化して誰にでも短時間でできるようにするということです。

ただし、そういう仕事というのは、長い間続けても成長実感が得られないので、そのうち飽きてきます。それで、四十五歳前後になると、それまで自分がやってきたことを今度は部下に任せて、自分は管理職となりマネジメントに回るというキャリアモデルが、ピラミッド組織には不可欠だったのです。

しかし、すでに述べたように、成長率の鈍化やポスト不足などの理由で、このキャリアモデルはもはや機能しなくなったといっても過言ではありません。

その一方で、企業は組織の第一線に対し大きな裁量を与え、プロフェッショナルとしての働き方を求めるようになってきています。また、管理職もこれまでのように上がりのポジションではなく、専門性と自律性を兼ね備えた、プロフェッショナル性の高いチームリーダーが務めるようになってきています。

以前はよくあった、現場のたたき上げがそのまま役員になるといったケースは、確実に減少しているので、そのようなキャリア形成が今後現実的でなくなるのは間違いないと思われます。

## なぜ若手社員は辞めるのか

最近、入社しても三年程度で辞めてしまう優秀な若手社員が増えているのも、ピラミッド組織の階層を上がることがキャリアであるというこれまでの前提が、ビジネスモデルの変化で崩れてしまったことと、決して無縁ではないのです。

数年前、二十代の若者を対象に、長期的雇用に関する意識調査を行いました。そのときの結果がこのことを証明しています。

私たちは最初、「いま自分がいる組織で、これからも長く働きたいか」という質問に対し、最も強い相関があるのは「成長実感」だろうと予想していました。ところが、蓋を開けてみると、たしかに成長実感との相関は高かったものの、それよりさらに強い相関を示す項目があったのです。

それは「成長予感」。「いまの会社で働いていれば自分は成長できる」という確信が強い人ほど、そのまま働き続けたいと思っていたのでした。

入社後一年で辞めてしまう人は、もともと組織に適合できないタイプだったとも考えられます。しかし、勤続三年となると、その人に組織で働く適性がないとは少々考えにくい。ましてや優秀だという評価を受けていた人なら、その三年間でそれなりに成長を感じていたはずです。

それなのに辞めるというのは、要するにこれ以上ここにいても、自分はもうたいして成長できないと見切ってしまったからなのでしょう。

十年上の先輩をみても、やっていることは自分とたいして変わらず、長く働いている分だけ習熟度が増しているだけだ。管理職である上司の仕事にも、プロフェッショナルとしての魅力は感じられない。

そして、それが自分の将来の姿だと気づいたら、仕事ができる若者ほど、もっと自分が成長できるところに移ろうという気持ちになるのも無理はありません。

## パイロットは、なぜやりがいを感じるのか

鉄道の運転士のキャリア形成も変わってきています。かつて鉄道の運転士といえば、高卒で鉄道会社に就職した人たちにとっては夢の仕事でした。

鉄道の運転には非常に高度な技能が必要だったので、厳しい試験を受けて合格しなければならず、職に就いてからも匠の技を磨き続け、何年もかけてようやく一人前の運転士になれた。そういう意味では、運転士というのは間違いなく、生涯をかけてや

るだけの価値がある仕事だったのです。

ところが、最近はどうかというと、どこの鉄道会社も安全投資に力を入れてきた結果、ＡＴＳ（自動列車停止装置）、ＡＴＣ（自動列車制御装置）、ＡＴＯ（自動列車運転装置）などのコンピュータ化が進み、匠の技術はどんどん不要になってきています。つまり、いまの運転士というのは、一生かけて習熟していく仕事とはいえなくなってしまったのです。

また、近年はやはり各社とも高校より大学卒の採用を増やす傾向にあり、運転士もいまではほぼ半数が大学卒になっています。そうすると、昔に比べ仕事が単純で簡単になった運転士が到達職務というわけにはいきません。そこで、運転士の位置付けはあくまで経過職務とし、その上に司令員や駅の管理職などの新たなキャリアパスをつくることを、求められるようになってきているのです。

それでは、航空機のパイロットはどうでしょう。こちらも操縦はほとんど自動化されていて、いまは必要なデータを入力さえすれば、操縦は航空機がやってくれるので、パイロットというよりコンピュータのオペレーターのようです。

ところが、もう飽きたとか、こんなことといつまでもやっていられないとかいう声は、当のパイロットからはまったくというほど聞こえてきません。これはいったいどうしてなのでしょう。

簡単にいえば、パイロットという職業が、自律組織におけるプロフェッショナルだからです。鉄道と異なり、予測可能性が低いことに加えて、いざというときは止まればよい鉄道のようにはいかないという特徴もあります。

彼らは第一線で的確な判断を行う大きな権限を与えられています。そのために、会社は莫大な予算を割いて彼らを教育しているし、給料もその責任の大きさにふさわしい額が支払われている。だからこそ常にやりがいを感じ、飽きも来ないのです。

このように、専門性と個別性の高い職業だと、成長と学びが一生続く、だからプロフェッショナルが育つのだといえます。

## ジャーナリストは、なぜ四十五歳で現場を退くのか

四十五歳で現場を退くのは、それくらいの年齢になると体力的にもスキル的にも、第一線で仕事をし成果をあげるのが難しくなってくるからだという意見もあります。

たとえば新聞記者。彼らの仕事は夜討ち朝駆けで情報を取ってくるのが当たり前ですから、体力がないとやっていけないのはたしかです。

では、日本以外でも記者は若い人と相場が決まっているのかといえば、決してそうではありません。二〇一〇年に「イスラエルはパレスチナから出て行け」という発言が物議を醸し、引退を余儀なくされたホワイトハウスの名物記者、ヘレン・トーマス氏は当時八十九歳でした。

アメリカでは彼女のように、公式の場で鋭い質問をして真実を暴きだすことができる技術をもった記者は、年齢に関係なく第一線で活躍しています。言葉を換えれば、

アメリカにおける記者の仕事というのは、夜討ち朝駆けのような体力勝負ばかりではないから、四十五歳で現場を引退する必要がないのです。

また、日本は四十五歳になったら一丁上がって管理職になるというキャリアモデルなので、そういう取材方法が一般的になってしまったという言い方もできます。

とにかく日本の記者というのは、四十五歳を過ぎたら現場で働くのが難しくなるような仕事の設計になってしまっているのです。

その点、医者というのは、記者同様に体力を必要とする仕事ではありますが、四十五歳で「もう無理だから」と管理職に移行するような人は、あまり聞いたことがありません。八十歳や九十歳で現役は当たり前。聖路加国際病院名誉院長の日野原重明先生など、百歳を越えても患者の診察を毎日のように行っています。

要するに、医者の場合は、高齢になってもプロフェッショナルとしてバリューを出す仕組みがあるのです。

話を日本の記者に戻せば、情報源となる人脈の陳腐化というのも、いつまでも現役を続けられない理由となっています。人脈というのは記者の財産ですが、自分も相手も同じように歳をとるので、二十年も経てばみな第一線を退いてしまう。そうするとその人たちとつきあっていても、いま現場で何が行われているかという生の情報が手に入らなくなるのです。

本来ならもう一度人脈をつくりなおせばいいのですが、日本の記者はどういうわけかそれをやらない。また一から時間をかけて人脈をつくるのはいかにも面倒だという気持ちに加え、いまさら自分の子どものような年齢の人に頭を下げられるかといった、いかにも日本的な年功序列の考え方が邪魔をするのでしょう。

さらに、そういう現場と乖離《かいり》した人が四十五歳でデスクや編集委員になって編集方針を決めていることが、社会の実体に沿わない報道が横行する原因にもなっています。

男女共同参画や少子高齢化などの問題に対しても、新聞が深く切り込めないのは、自分たちが若いころからワークライフバランスを無視した働き方をしてきて、それが当然だと思っているから紙面の構成を決めているからでしょう。

ついでにいえば、大手メディアの記者がある種の特権の上に胡座《あぐら》をかいている記者クラブ制度も、ビジネスモデルとしては限界にきているのではないかと思います。

新聞をはじめとした日本のマスメディアが、もう一度社会の公器としての信頼を手にするためには、取材対象との健全な緊張関係や、読者の視点に立った報道を行わなければなりません。そして、そのためには、それを可能にする、高い意識をもったジャーナリストが、生涯プロフェッショナルとして働けるビジネスモデルを再構築すべきなのです。

## 自分のキャリアに投資が必要

記者と並んで四十五歳で現場から一丁上がりになる典型に、ＩＴ業界があります。その年齢になると新しいスキルが身につけられないと思われているようですが、これは正確ではありません。

以前、ＩＴ業界で働く人のインタビュー調査をしたことがあります。すると、四十代でもプロジェクトマネジャーなどの立場で、最新のクラウドやオープンシステムなどを手がけている人は少なくありませんでした。

たしかにＩＴ業界は変化が激しいので、若いころからレガシーシステム（時代遅れとなった既存のシステム）ばかりやっていたらそれしかできなくなって、四十代を過ぎてレガシーの仕事がなくなったときには、現場を離れざるを得なくなるでしょう。

しかし、目の前の仕事をやりながら、同時に自分に投資をして、将来の仕事に必要なスキルや能力を身につける努力を怠らなければ、年齢に関係なくプロフェッショナルとして長く現場で戦力となれるのです。

ＩＴ業界に限らず、研修や自己啓発に対する意識が低いのが、日本のビジネスパーソンのひとつの特徴だといえます。その代わり、日本の企業には、上司や先輩が職場のなかで仕事を通じて人を育てるという文化がありました。

けれども現代のような変化の激しい時代になると、職場の上司や先輩の言うことをきいていても、最新技術は身につきません。まさにわが国特有の年功序列と経験主義が足かせとなっているのがいまなのです。

自分のキャリアに対する投資をしていかないかぎり、キャリアの陳腐化は避けられないということを、現代のビジネスパーソンは肝に銘じておかなければなりません。

## 3　プレイングマネジャーの問題

### プレイングマネジャー化は、何をもたらしたか

全員が四十五歳で現場を引退し管理職になるというキャリアモデルでは、人件費が膨らみすぎて経営が維持できません。実はこれは、一九九〇年代後半からすでに明らかになっていたことでした。それゆえ多くの企業が、組織のフラット化と同時に中堅社員のプレイングマネジャー化を進めたのです。

管理職がプレイングマネジャーになれば、それは生涯プロフェッショナルとして働けるということではないか。そう思う人もいるかもしれません。しかし、それは間違

いです。

分業を前提としたピラミッド型組織はそのままで、組織階層だけをフラット化した状態で管理職のプレイングマネジャー化を進めれば、それまで管理職が担っていた人材育成がどうしても疎かになります。

自分の部署の戦略立案やビジョンの構築と業績に対する責任に加え、部下の業務管理、コンプライアンス、メンタルヘルス、セクシャルハラスメントなどの諸問題まで、その役割と責任を組織階層に集約するやり方では、管理職の仕事が膨らみすぎて、とても人材育成まで手が回りません。

また、そんな管理職のありさまを目の当たりにしたら、若手社員の管理職志向も当然低下します。

## 管理職の新しい姿とは何か

一方で、それなりに仕事経験を積んできている中堅社員は、現在でも大半が出世を望んでいます。そして、その理由に多くの人が挙げるのが、いくら能力があっても権限がないと、会社のなかでは自分のやりたいことが思うようにできないということです。

したがって、プロフェッショナルとしての実力を備えた中堅社員に、管理職と同等の仕事の権限を与え、その活動を支援することこそ、管理者の新しい姿なのです。

それまで管理職が担ってきた仕事を分解し、その一部をプロフェッショナルな中堅社員に委譲することで、組織階層だけに序列的価値観が集約しないようにすることと言い換えることもできます。

中堅プロフェッショナルには若手の指導育成も担ってもらい、かつ必要に応じてプロジェクトマネジャーの役割も果たしてもらう。一方、コンプライアンスやメンタルヘルス、ダイバーシティ、キャリア支援など、ある程度専門的なスキルが必要とされる部門運営は、その分野の社内プロフェッショナルに支援してもらうなど、役割を分けるということが必要になってくるのです。

要するに、これからの組織に求められるのは、ジェネラリストのままの管理職ではなく、第一線で活躍できるプロフェッショナルと、能力と意欲のある中堅社員に権限を与えプロフェッショナルに育てる支援ができるマネジャーだといえるでしょう。

最近は日本でも、欧米のように社外取締役を重視し、内部からの昇進を減らす傾向にあるようですが、先日ある有名経営者が「取締役の肩書はサラリーマンの勲章なのだ。それを減らせば、社員のモチベーションが下がるに決まっている」と、この風潮に異議を唱えているのを耳にして、正直失望を禁じ得ませんでした。

社外取締役制度の善し悪しは別としても、賃金ではなく階層序列の肩書をエサに社員を働かせてきた、その結果がいまの状態だということを、この経営者はまるでわかっていないのです。金で釣るのと序列で釣るのは、基本的には大差ないのです。そういう社員マネジメントそのものが、いまや機能しない時代だということを理解すべきです。

# 4　一生第一線の仕事を続けられる人

## 出世しないとみじめになる日本の社会

以前は、マネジメントスキルもなくリーダーシップも身についていないのに、現場からのたたき上げでいつの間にか幹部になっていたという人も珍しくありませんでした。

しかし、さすがに最近の大手企業には、そういう人はもういません。管理職や役員になるには、それにふさわしいスキルや能力の持ち主かどうかを、厳しくみられるようになったからです。

昔のようにみんなが自動的に管理職になれなくなったことで、新たな問題もまた起こっています。出世や昇進ができないと日本の会社では、精神的につらくなるのです。

中根千枝氏もその著書『タテ社会の人間関係』（講談社現代新書）のなかで「日本社会は自己完結的なタテ社会なので、出世しないと非常にみじめな思いをしなければならなくなる」と指摘しています。

一方、日本以外のほとんどの国はヨコ社会だと中根氏は述べています。ヨーロッパなどは一見するとタテ社会のような感じがしますが、実体は自分と同じクラスの結びつきが強いヨコ社会であって、各ヨコ社会が階層になっているのです。それゆえ、プロフェッショナルが活躍しやすいのだともいえます。

日本の会社のようなタテ社会だと、いくら専門性に優れ、プロフェッショナリティあふれる人であっても、同期のなかで出世が遅れると、どこかで引け目を感じざるを得ないのです。

いまや、社長を目指すといったハングリーな社員は少なくなりました。しかし、同期より出世が遅れるのは嫌だ、今までに築いた地位は失いたくないという損害回避指向は、多くの人が強くもっています。管理職や役員は序列の上位ではなく、単なる役割のひとつにすぎないというように、全員の意識が変わらないかぎり、プロフェッショナルを目指すという働き方はなかなか根付かないでしょう。

## 第一線で働き続けたい人が増えている

大企業を中心に管理職や役員の役割が変化して、経営やマネジメントの分野できわめて専門性の高いスキルが求められるようになって、さらに別の問題も出てきています。

それまで現場で一生懸命働いてきてそれなりにやりがいを感じていた人が、四十歳を過ぎてそろそろ自分も管理職かと思って、あらためて管理職の仕事をみてみると、いままで自分がやってきたこととはまるで違うのです。しかも求められているハードルは高く、越えるためには新たなトレーニングが必至。それに、もちろんうまくいく保証はありません。

だったら管理職にならなくても、いままでどおり第一線の仕事を続けたいと考える人の割合が増えているのです。それなのに、多くの会社では、そういう人をうまく活用する仕組みができていません。

ちなみに、「経営幹部になる自信はなく、できれば第一線で仕事を続けたいのだけれど、そういうキャリアモデルが身近にない」と、八方ふさがりになって頭を抱えているのが、バブル入社世代の典型なのです。

今回、私たちが行ったアンケート調査では、同期に比べて出世が遅れているにもかかわらず、仕事やキャリアに対する満足度が平均より上という人が、四十歳前後では一定数いるということがわかりました。

もちろん、彼らだって出世に対し無頓着というわけではありませんが、それよりも自分は何のために働いているのかや、何をやりたいのかという仕事観や職業的信念のほうが、仕事やキャリアの満足度に深くかかわっていたのです。

そして、これこそがプロフェッショナルとしての働き方だといっていいでしょう。

今後はいろいろなところで、第一線の仕事をプロフェッショナル化するビジネスモデルへの転換が叫ばれるようになるでしょう。逆に、小手先だけのキャリア対策を施しても効果は期待できないでしょう。

またビジネスパーソンのほうも、プロフェッショナルとして生涯働くには、早いうちから仕事観や職業的信念を確立しておくことが肝要だといえます。

## プロフェッショナル化が向いている仕事は何か

本書でいうところのプロフェッショナルというのは、あくまで自分が第一線で価値を出し続けている人のことをいいます。プロフェッショナル経営者やプロフェッショナルマネジャーという言い方もたしかにありますが、そういう人たちは自分ではなく、部下やチームのメンバーを使って価値を生み出すという点で、ここではプロフェッショナルの範疇《はんちゅう》に入れていません。

それでは、医者はどうでしょう。病院長になるとマネジャーとしての役割をこなさなければなりません。これが工場長ならラインの仕事からは完全に離れてしまいますが、病院長の場合、マネジメント専業にはならず自分でも患者を持ち続けるケースが大半なので、プロフェッショナルだといえます。

コンサルタントも同様です。私がワトソンワイアット（現在のタワーズワトソン）の社長を任されていたときは、マネジメントよりもコンサルタントとしての仕事の比重のほうが、確実に大きかったと記憶しています。

それでは、なぜ医者やコンサルタントは、マネジャーになっても第一線の仕事を続けるのでしょうか。それは病院やコンサルティングファームがプロフェッショナル組織だからです。工場長は自分がラインに入って働いていなくても、工場のマネジメントはできます。しかし、医者やコンサルタントのようなプロフェッショナルは、自分もプロフェッショナルでないとマネジメントできないのです。

さらに、すべての組織がプロフェッショナル化を進めなければならないということはありません。

たとえば電車の運転士をプロフェッショナル化するというビジネスモデルは、あり得ないことはないものの、現実的ではないでしょう。なぜなら、運転士の仕事というのは管理可能性と予測可能性が高いことに加え、コンピュータ化によってより高いレベルの安全性が確保できるからです。とくに地下鉄は気候や天候などの影響をほとんど受けない分、地上を走る鉄道よりさらに管理可能性と予測可能性が高いといえます。

さらに、閉鎖された空間のなかで電車を安全に運行させるために、ＡＴＯやホームの柵のような安全対策が十二分に施されているため、仕事はますます単純化する。つまり、プロフェッショナル化する必然性が見当たらないのです。

それでは、プロフェッショナル化に向いている仕事の特徴を三つ挙げてみましょう。

一つ目は、上司よりも顧客が大事である。この場合の顧客には、社内顧客も含まれます。

二つ目は、分業によって細分化されたうちの一部を担うのではなく、ある程度自己完結できて自分で価値が生み出せる。

三つ目は、同じことの繰り返しではなく、個別事情への対応などで常に創意工夫が求められる。

プロフェッショナル的な働き方を目指すなら、この三つの条件を充たす業界や分野に身を置くことが必須であると考えるべきです。

# 5　二十一世紀の仕事の特徴

## 想定外変化の時代に突入した

プロフェッショナルというのは、もともとヨーロッパにあった働き方の概念なので、それをそのまま現代日本に当てはめようとしても、スムーズにいくとはかぎりません。二十一世紀の仕事のやり方に合うように、アレンジを加える必要があります。

それでは、二十一世紀の仕事の特徴とは何なのでしょう。それは以下の二点に集約できます。

一つは、仕事内容や環境に、想定外の変化が当たり前のように起こる。もう一つは、仕事により高度な専門性が求められるようになったということ。

想定外の変化に関しては、自著『キャリアショック』（東洋経済新報社、後にSB文庫）でも、これまで積み上げてきたキャリアが、あるいはキャリアプランが想定外の出来事によって崩れ、キャリアが振られることを余儀なくされる人が増えているという事実を指摘しました。


想定外の変化が起こるようになった要因のひとつが、経済成長のフラット化による余剰の長期化です。

一九九〇年代前半にバブルが崩壊する以前は、景気が悪化することはあっても長期でみれば、経済は右肩上がりで成長していたので、企業が経営判断を誤り余剰在庫や余剰人員を抱えたとしても、数年すればその余剰は成長によって吸収されました。

ところがバブル崩壊以降、景気が低迷し経済が成長しなくなると、いったん抱えた余剰はそのままにしておいたら、いつまでも解消されないということになります。しかし、余剰というのは経営にとってマイナスです。いつまでも放置しておくわけにはいきません。

そこで一九九〇年代の後半から、それまで日本企業ではあまりみられなかったリストラや事業売却、事業撤退など、まさに労働者にとっては想定外の変化が頻繁に起こるようになったのです。

リストラに関しては、企業のモラルが下がって雇用よりも収益を優先するようになったからと、まことしやかに指摘する人もいるようですが、本質的な原因はあくまで経済成長のフラット化が根本的なものだと思っています。

それから、いろいろな分野にデジタル技術が入ってきたことも、想定外の変化が起こりやすくなった要因のひとつです。

デジタル技術というのは、それまであったものをまったく別のものに置き換えてしまうので、それまでのスキルの継続では対応できなくなります。いい例が自動車です。電気自動車が登場して、ガソリンエンジンがモーターに置き換わると、それまで内燃機関に携わってきた技術者のスキルは、役に立たなくなってしまいます。

デジタル化によるこのようなリプレース型の技術革新は、まさに二十一世紀の特徴だといっていいでしょう。

同様にグローバル化も、キャリア形成に想定外の変化をもたらす要因です。今後内需が増える可能性は小さいので、必然的に企業のグローバル化は加速することと思われます。

## 高度な専門性が求められている

二十一世紀の仕事のもう一つの特徴である高度な専門性は、過去の経験や実務の積み上げによって身についたものではなく、もっと体系的であり先端的でもある、深いものが求められるようになってきているという意味です。

だから、昔のようなジェネラリストの活躍できる余地は、もうそれほど残っていません。そして、それはエンジニアの世界だけではなく、人材育成のような分野であっても同様です。

しかしながら専門性の深掘りばかりしていると、突然想定外の変化が起こってその専門性で勝負できない環境になったら、手も足も出なくなります。かといって専門性がないとアピールするものがない。このあたりの矛盾が現代のキャリア形成を難しくしているところでもあります。

とにかく、長期的かつ具体的なキャリア目標を定め、そこに向かって一歩一歩進んでいくような、かつての計画経済的なキャリア理論や手法は、二十一世紀では機能しないどころか、むしろ弊害のほうが大きいことはたしかです。

欧米においてもプロフェッショナルの働き方は、現代にふさわしいように変質してきています。

プロフェッショナル集団の典型であるコンサルティングファームやローファームでは、パートナーになってはじめて一人前と認められ、ヨコ社会の一員となることができました。そして、誰もがそれを目標に厳しい修業時代を過ごしたのです。

ところがいまは上昇志向をもたず、大手組織を飛び出してフリーランスとして働く、それなりに優秀なプロフェッショナルも増えています。

そういう人たちは出世よりも、生涯第一線で長くプロフェッショナルとして働くことのほうがより重要なのです。

第2部では、二十一世紀にふさわしいプロフェッショナルの働き方とはどういうものか、を具体的に検証していきます。

# 第2部　プロフェッショナルの条件

## 条件1　顧客と提供価値を自分で定義する

### 顧客は誰で、何を提供するのか

プロフェッショナルならば、自分は何のために働いているのかを、常にわかっていなければなりません。言葉を換えれば、仕事を通じて誰にどんな価値を提供するのかを、自分で主体的に決めているのがプロフェッショナルなのです。

手嶋龍一氏は、「ジャーナリストにとって顧客は読者であり、デスクではない」と言明されています。まさに彼のような人がプロフェッショナルなのです。

では、あなたが人事部に所属するとしたら、顧客は誰と答えますか。いっておきますが「社員です」という答えは十分ではありません。なぜならその回答は一般論にすぎず、あなた自身は主体的に何も決めていないのと同じだからです。

たとえば、人事部長のあなたは、あるとき創業社長から、後継者を育成する仕組みをつくるよう頼まれたとします。このとき顧客は、そう、創業社長です。そして、彼は数年後に自分が引退するにあたって、安心して会社の経営を任せられる人材を求めているわけですから、それが具体的にどういうスキルや能力をもった人で、どうすれば三年や五年の期間で育てることができるかを必死で考え実行する。それがあなたの提供価値というわけです。

また、実際に研修を実施するにあたっては、今度は参加者があなたの顧客となり、彼らにバリューを与え、成長を感じさせるプログラムやファシリテーションが提供価値になります。

それでは、医者の顧客は誰でしょう。一般的には患者です。ところが、青梅敬友病院の創立者である大塚宣夫会長は、「患者様ご本人もそうだが、それ以上に患者様のご家族が自分たちの顧客である」と明確に定義しています。
ここは最後まで看取る老人病院なので、患者はかなりのレベルの介護の必要な老齢者がほとんどです。患者が入院する以前、家族は例外なく介護で心身ともに疲弊しきっています。そこで入院後はその家族の負担を病院が引き受け、家族には安心して自分たちの生活を営んでもらうということが、病院の基本方針となっているのです。「自分の親を安心して預けられる病院」が当初からのビジョンでした。

このように、自分にとって顧客は誰で、その顧客に対しどんな価値を提供するのかは、一般論で語らず自分で決めることが、プロフェッショナルとしての働き方の第一歩なのです。

しかしながら、いくら顧客と提供価値を主体的に決めても、それだけではまだ十分とはいえません。実現できなければ、単なる絵に描いた餅にすぎないからです。
では、実現するためには何が必要なのでしょう。それは、プロフェッショナルとしての自信と誇りです。

自信というのは、自分はこの顧客のために、たしかに価値を生み出せるのだという自己効力感のことで、これは実際に役に立ったという経験を繰り返すことで高まっていきます。

一方、これだけは譲れない、譲りたくないという価値観へのこだわりが誇りです。

これらは、どちらかひとつだけではうまくいきません。

自信はあるが誇りがないという人は、価値提供のためには倫理的に問題があるような手段を使ってもかまわないという、きわめて危険な発想をしがちです。反対に、自信はないが誇りがあるというタイプは、自分のプライドを守るためにむやみに他者を批判したり攻撃したりする傾向にあります。これでは周囲からなかなか受け入れられず、成長機会にも恵まれないということになります。

自信と誇りはどちらも必要不可欠であり、この両方が車の両輪のようにバランスがとれてはじめて、プロフェッショナルとしての働き方が可能になるのです。

## 毒まんじゅうは食べるな

さらに、自分の報酬はあくまで提供価値の対価であり、それ以外の報酬はよしとしないという姿勢を終始一貫して持ち続けることも、プロフェッショナルには必要なことだといえます。

これは端的にいえば「毒まんじゅうは食べるな」ということです。

「俺の命令に従えば、褒美に休みをやろう」「会社のためと思って、談合に手を貸してくれれば、将来悪いようにはしない」

このように、自分の価値観や職業倫理には反することであっても、見返りの魅力に負けて、あるいは現在の地位を失うことを恐れて魂を売ってしまうことを、毒まんじゅうを食べるというのです。

この毒まんじゅうは、一度食べると癖になります。そして、食べれば食べるほど身体に毒がまわり、やがて感覚が麻痺してくる。こうなってしまったら、もうプロフェッショナルとしてやっていくのは不可能です。

毒まんじゅうは断固拒否する強靭な意志と勇気、これがなければ、プロフェッショナルとしてやっていくのは不可能だと思ってください。

プロフェッショナルにはある意味の上昇志向も不可欠です。ただし、それは組織内での出世や権力欲のことではありません。自分が提供する価値の質をより高いものにするという意味での上昇志向です。

私が社長を務めていたコンサルティングファームでは、ほとんどの人は難易度の高い仕事に挑戦してもっと成長するとか、顧客企業を変えるようなインパクトのある仕事をするとかいうように、自分の仕事に対して高い志をもっていました。そして、そのような人はプロフェッショナルとして質の高い仕事をし、クライアントから信頼されていました。

もちろんいい仕事をしていれば、昇格や昇進の機会も増えるでしょう。しかし、それが目的となっているような人は、プロフェッショナルとは呼ばれないのです。

また、プロフェッショナルとして働く場合、高度な専門性があるということも重要ですが、資格の取得やスキルの獲得、さらに自分にはそういう能力があるということを対外的にアピールすることなどが目的となってしまったら、これは本末転倒といわざるを得ません。

専門性は、あくまで自分の考える価値提供を可能にするための手段ととらえるべきです。そうでないと単なるスペシャリストや権威主義者になってしまいかねません。

## 仕事観の三分類を考える

自分の顧客は誰で、その顧客にどんな価値を提供するのかを、自分自身が主体的に決めるのがプロフェッショナルであるという話はすでにしました。それは、その人の仕事観の問題であると言い換えることもできます。

それではここで仕事観について、少し考えてみましょう。

仕事観は、以下の三つに分類できます。

**①内因的仕事観**

「やりがいを感じる」「仕事を通して認知される」「おもしろくて、ついのめりこんでしまう」のように、仕事そのものに対して感じる価値のこと。仕事が直接内面に与える心理的報酬。これがないとネガティブ指向に陥りやすくなります。

**②功利的仕事観**

何か目的があって、それを達成するためにどれくらい役に立つか、というところで仕事の価値を計る考え方。この仕事観は上昇獲得型と損害回避型の二つに大別できます。

ａ上昇獲得型

会社で出世する、大金持ちになる、有名になる、などが仕事の目的となっているケースが、これにあたります。ハングリー精神も、これに含まれるといっていいでしょう。

b損害回避型

会社をクビになったら社会的信用や収入の道が失われてしまうので、そうならないように働くというように、現在の生活やステータスを守るために働くことです。「結婚して子どもも生まれたので、家族を食べさせていくために頑張って働こう」というように、若いときはキャリアや仕事の満足度に対しプラスに働くこともありますが、四十歳以上の場合は、高い損害回避傾向は守りに入ってしまうので、明らかにマイナスになります。

損害回避型仕事観をもつことは必ずしも悪いことではありませんが、これだけでは充実感や成長実感を味わえないので、この仕事観だけで生涯プロフェッショナルとしてやっていくのは難しいでしょう。

また、この手の仕事観の人が多い組織は内向きになって、活力が失われていきます。

## 仕事観の構造化

| 大分類 | 中分類 | 項　　目 |
|---|---|---|
| 内因的仕事観 | やりがい | やりがいや達成感を味わうこと<br>新たな課題や困難な課題にチャレンジすること<br>自分の能力をフルに発揮すること |
| | 成長 | 人間としての器を大きくするためのもの<br>社会との接点として自分の世界を広げるもの<br>できないことができるようになるためのもの |
| | 関係性 | 誰かの役に立つこと<br>人に感謝されること<br>仲間と一緒にするもの |
| | 認知 | 自分の存在価値を認めてもらうためのもの<br>責任のある仕事を任されること |
| | 仕事内容 | 自分のやりたいことをやること<br>ゲームのように楽しむもの<br>創造性・独自性を活かして、自分らしさを表現すること<br>時が経つのを忘れて没頭するもの |
| 功利的仕事観 | 上昇獲得型 | 社会的地位・評価を得るためのもの<br>権限・裁量を獲得するためのもの<br>金銭的成功を獲得するためのもの |
| | 損害回避型 | 家族を経済的に支えるためのもの<br>経済的に自立するためのもの<br>所属や肩書きを与えてくれるもの |
| 規範的仕事観 | 社会規範 | 社会、国のために役立つことをすること |
| | 会社規範 | 所属する会社を成長・発展させるためのもの<br>会社を代表して、社会における会社の評価を高めること |
| | 仕事規範 | 自分ならではの価値を生み出すもの<br>周囲(顧客、同僚、上司など)の期待に応えること<br>世の中に存在する問題を解決すること<br>与えられるものではなく、自分で創り出していくもの<br>給料以上の成果や価値を生み出すこと |
| | 世代継承規範 | 次の世代に何かを伝えていくこと<br>人を育てること |

### ③規範的仕事観

プロフェッショナルな働き方にとって最も重要なのが、この規範的仕事観です。主な規範には社会規範、会社規範、仕事規範、世代継承規範の四つがあります。

国や社会をよくしたいという気持ちが強く、そのために仕事を通じて価値提供をしたいというのは、社会規範意識の強い人です。最近は大学を出ても企業に就職せず、いきなり社会起業家を目指す人が増えてきました。彼らは困っている人を助けたいという社会規範が、仕事観になっているのだといえます。

仕事で会社に貢献するという仕事観は、非常にサラリーマン的ですが、悪いことではありません。ただ、会社は常にこの会社規範を社員に刷り込もうとするので、年齢が上がるにつれ他の仕事観に比べ、こればかりが強くなる傾向があります。しかし、こればかりいくら強くなっても、それだけではプロフェッショナル的な働き方はできません。やりがいをもって頑張れるよう、若いうちから他の仕事観を育てることが大切です。

仕事規範の強い人は、自分の顧客に対し、仕事で価値を提供することに働く意味をみているのですから、最もプロフェッショナル的だといえます。

もうひとつ、世代継承規範があてはまるのは、次の世代に何かを伝える、あるいは若者を育てるということが仕事観になっている人です。プロフェッショナルというのは決して一匹狼ではありません。一定年齢以上になったら世代継承を仕事観に加えるべきだと思います。

## 内因的仕事観と規範的仕事観のバランスが大事

最近は、若いうちから損害回避的功利性が高いようですが、これは明らかに、テクニックを重視した就職活動の弊害です。

彼らは就職やキャリアを損得で考えているため、回り道や無駄、あるいは先の見えない苦労をできるかぎり避けようとします。できれば早いうちに何か有利な資格を取って、それで一生食べていければいいと思っている人も少なくありません。

でも楽な仕事がそんなにいいのでしょうか。いいえ、そんなことはないのです。ゲームと一緒で誰がやってもすぐにできるようなものは、すぐに飽きてしまいます。最初はたいへんだけど、努力してそのたいへんさをなんとか乗り越えたとき、初めて仕事の奥深さに触れ、その醍醐味を味わえるのです。

それに、最初から苦労を嫌っているようでは、プロフェッショナルには絶対になれません。

一方、就活中にいまどきのキャリア教育に素直に従って「自分は何をしたいのか」「自分に向いた仕事は何だ」と内省を繰り返し、その結果、自分のつくった歪んだ仕事観に振り回されてどうにもならなくなってしまう人もいます。

内省によって自分の内因的仕事観を探るのは、ある意味大切なことですが、それにばかりこだわれば、容易に「やりたいことが見つからないから就職しない」という結論に達してしまうのは必然です。また、それを親や周囲が許してしまう風潮も大いに問題だといえます。

日本国憲法に、国民の三大義務のひとつとして定められていることからもわかるように、勤労というのはその能力をもったすべての成人に課せられた社会的な役割であり、責任なのです。だからまず、その役割と責任を果たすのが先であって、自分がやりたいとかやりたくないとかを優先させるというのは、大いなる勘違いといわざるを得ません。

仕事とは自分のためではなく、人のためにやるものであるという認識がないと、本当の充実感や満足感は、何をやっても得られないとわかるべきです。

内因的仕事観に加え、規範的仕事観を養い、そのバランスの上に自分の顧客と提供価値を主体的に定義する。若い世代には、そういうプロフェッショナルとしての働き方を目指してもらいたいと思います。

# 条件2　仕事をプロフェッショナル化する

## 仕事のサイクルを自分で回す

プロフェッショナルという仕事が、どこかにあると考えるのは間違いです。それは与えられるものではありません。自分で自分の仕事をプロフェッショナル化していくのです。

それにはまず、仕事に自律性をもたせること。「WHAT→HOW→DO→CHECKのサイクル」を自分で回すというのが、プロフェッショナルな働き方の基本なので、まずはこれができるようにします。

ここで最初に必要となるのがWHAT構築能力です。これがうまくできるためには、日ごろから創造的にものごとを考えていなければなりません。逆に、そういう習慣がないと、いくら高学歴だったり経験が豊富だったりしても、なかなか的を射たWHATがつくれず、いつまでも苦労することになります。

次のHOWには、知識経験と論理的思考が欠かせません。

そしてDOのカギを握るのが、実務スキルと行動力です。

このWHAT→HOW→DO→CHECKのサイクルを、ホームパーティーを例にして具体的にみていきましょう。

その前に、顧客と提供価値をはっきりさせておきます。主催者の自分にとって顧客は、パーティーの参加者です。そして、彼らに「美味しかった」「来てよかった」という気持ちになってもらうことが提供価値になります。

それでは、まずWHATです。何の料理でもてなすかを決めなければなりません。その際、頭に入れておかなければならないのは制約条件です。

たとえば自分の家のキッチンの設備。オーブンがなければ、ローストチキンのようなオーブンが必要な料理は、リストから当然外れます。ほかにも時間や技術、それから予算なども制約条件に入れておくべきです。

ただし、それで選択肢が絞られたとしても、それだけで自動的に正解が得られるというわけではありません。制約条件をクリアするのはWHATを構築するうえでの最低条件にすぎないのです。

続いてHOW。これは料理の仕方や段取りのことです。ステーキをレアで焼くなら、冷蔵庫から出したものにいきなり火を通すのではなく、先に取り出しておいて常温にしておく。そうすれば表面と内部の温度差が少なくなって適度に火が通りやすくなるからです。このようにHOWは知識や経験がものをいいます。

HOWに従って実際に料理をするのがDOです。いくら頭では理解していても、実務経験が足りずスキルが身についていないDOに難のある人だと、望んだ結果はなかなか得られないでしょう。

パーティーが終わってみんなを見送るとき、さりげなく感想をきくのがCHECK

です。「美味しかったよ」と笑顔で言ってもらえたら、価値を提供できたと思ってください。

さらにそこから、次はどんな料理を振る舞おうというところに思考を広げ、普段から料理のヒントになるような情報を探すようになれば、WHAT構築能力はどんどん上がっていきます。

WHATというのは正解がないので、自分で考えて仮説を立てられなければなりません。だから難しく、創造的思考力がないと太刀打ちできないのです。

## WHAT構築能力＝直感力を高める

WHAT構築能力は、まさにプロフェッショナルにとって必須だといえます。この能力を高めるには、常にWHATを考え続ける思考習慣を身につけることです。そういう習慣の持ち主は、問題解決のヒントと出会う機会も自ずと増えます。

日ごろからメモを持ち歩き、問題解決のアイデアが思いついたら、すぐにそれを書き留めるようにするといいでしょう。それはすなわち、問題解決のポケットを増やすということです。

これはヒントになるとピンときたら、自分がもっているどのポケットの問題解決法と組み合わせたらいちばん機能するか、と考えてみる。

このポケットとヒントの掛け算こそが、普遍的な理解力を高め、ＷＨＡＴが出やすい頭をつくる秘訣なのです。

また、いろいろな刺激や多様な情報に触れていると、ものの見方が多面的になってきて、ＷＨＡＴを構築する際も、より価値の高いものがつくれるようになります。

ＷＨＡＴ構築能力というのは、直感力のことだと言い換えてもいいでしょう。アイデアがどうして生まれたかというのは、結局理屈では説明できないからです。

そして、直感力が磨かれると、それは意思決定力にもプラスに働きます。

意思決定ができないというのは、判断基準がはっきりしていない場合もありますが、それよりも選択肢に問題があるケースのほうが圧倒的に多いのです。あれこれ考えていくつかアイデアを出してはみたものの、そのどれも帯に短したすきに長しで、これだと確信できるものがない。だから決められないのです。

要するに、最適解となり得るアイデアを思いつけないから意思決定ができない、というケースが意外に多いと思います。

しかし、レベルの高いアイデアがいくつも思いつくようになれば、決め手を欠くA案とB案を凌駕するC案を選ぶことができるようになるので、意思決定がしやすくなるのです。

## 論理的思考は欠かせない

WHAT構築や問題解決の選択肢を思いつくのに必要なのは直感力ですが、論理的思考は要らないのでしょうか。

そんなことはありません。ただ、直感力と論理的思考では使う局面が異なるのです。

直感は非常にパワフルですが、いつも正確であるというわけではなく、よく考えたら早とちりだったというようなことも、ままあります。

そこで、そういう間違いを防ぐために、直感で生まれたアイデアはそのまま採用せず、本当に実現可能なのかや、細部が破綻していないかなどを、論理的思考を用いて検証するのです。

また、アイデアを誰かと共有したり、アイデアの実現に手を貸してもらったりするときには、そのアイデアの正当性や、優位な点を説明しなければならず、そのときもやはり論理的思考が欠かせません。結論だけ示して相手が納得してくれるのは、芸術の世界だけです。ビジネスにおいては論理的な説明が不可欠なのです。

WHAT→HOW→DO→CHECKのサイクルを回してはいても、よく考えたらWHATを考えるのはいつも上司だとしたら、結局上司の指示に従っているということです。これでは自律的だとはいえず、やり遂げても自己効力感は生まれないので、再び自分からこのサイクルを回そうという気にならないでしょう。

ＷＨＡＴは自分で考える、これがプロフェッショナル的働き方の基本です。しかし、サラリーマンだと、すべてのＷＨＡＴを自分で考えて決めるのは、現実的ではありません。

そこで、たとえ上司から頼まれた仕事であっても、そのなかで自分の裁量でできる範囲はどれくらいあるかを考え、その部分に関しては自分でＷＨＡＴを構築し、ＷＨＡＴ↓ＨＯＷ↓ＤＯ↓ＣＨＥＣＫのサイクルを自律的に回してみるのです。

その範囲の割合をみれば、自分自身のプロフェッショナル化がどの程度進んでいるかを、自分で把握することができます。

## 自分の裁量を増やす方法

自分の裁量が小さいと思うなら、少しでも大きくなるように、自分から会社に働きかけることを考えるべきです。じっと待っているだけではなかなか道は開けません。

私のお薦めは、本流とは程遠い辺境の仕事をあえて選んで手を挙げること。会社のメインビジネスとなるようなプロジェクトだと、一部分を任せてもらうのが関の山です。

これに対し辺境の仕事には、会社の命運を左右するほどのインパクトはないので、意欲を示せば「じゃあお前がやってみろ」と、若手であっても全体を任せてもらえる可能性は高いといえます。

それから、あえて上司と異なる専門分野に力を入れる。そこで実績を積み、その分野のプロフェッショナリティを上司に認めさせれば、それに関する仕事の一切を任せてもらえる可能性が高くなります。

もうひとつ、先に自分のWHATを構築しておいて、それを上司に先手を取ってぶつけるというのもいい手です。

ビジネスパーソンにインタビュー調査を行うと、プロフェッショナル的な働き方をしている人ほど、若いうちからこういう働き方をしてきているということがよくわかります。チャンスを自分で手繰り寄せる自律性も、プロフェッショナルには不可欠な側面なのです。

# 条件３　ヨコ型リーダーシップを発揮する

## 商社はいかにして化学プラントを受注したか

リーダーシップは、タテ型とヨコ型の二つに大別することができます。

タテ型リーダーシップとは、リーダーが命令権限のある自分の部下にビジョンや進むべき方向を示し、彼らのモチベーションを高め、さらに先頭に立って組織を引っ張り、目標達成に責任をもつというものです。戦国武将が発揮するようなリーダーシップといってもいいでしょう。

また、最近いわれるようになってきた、部下をうまく支援してやる気を出させ、組織の活性化を図るサーバントリーダーシップも、それが上司部下の関係のみで使われるならタテ型リーダーシップの一種です。

これに対しヨコ型リーダーシップというのは、タテ型序列を前提としない、直接権限の及ばない相手に対し、間接的な影響力で行動を促すものを指します。

総合商社のような総合型企業においては、このヨコ型リーダーシップを発揮して、一足す一を二ではなく、三や四にできるリーダーがとりわけ重要です。

実際に私が耳にした例では、次のようなものがあります。

ある日本の総合商社が、アジアのある国に化学プラントを輸出する商談を進めていました。ところが、他国の企業からも強烈な売り込みがあるようで、競争が厳しそうです。

そこで日本の担当者はこう考えました。「競合他社はみな化学プラントの専門企業だが、当社は総合商社企業だから、その強みを活かそう」

それで相手国に、「もしこの案件を当社に発注してくれるなら、プラントが完成後、ここで製造する製品の何割かを、当社の化学品部門が一括して販売を請け負う」という条件を提示し、見事大型受注を成功させたのです。

しかし、こういう事例は、実はそれほど多くありません。部門間を横断してプロジェクトをまとめ、シナジー効果を出すというのは簡単ではなく、それをできるリーダーが限られているからです。

この例でも、プラント部門のリーダーが化学品部門に足を運んで、「受注が決まれば会社にとっても大きなプラスになるから、ぜひ協力をお願いします」と頭を下げても、普通は断られます。それはそうでしょう、どこの部署にもその部署なりの営業計画や売上目標、あるいは解決すべき課題などがあり、余計なことをやっている余裕はないのです。

そんな相手を説得しその気にさせるには、相手の価値観を探り、それに沿ってストーリーを構築し、相手にとってもメリットがあると納得してもらわなければなりません。その総合商社のプラント部門には、幸いそんなヨコ型リーダーシップが発揮できる人がいたから可能だったのです。

日産自動車のカルロス・ゴーン社長が就任後最初に指摘したのが、組織がタテ割でその壁が高すぎるということでした。それが多くの問題を引き起こす諸悪の根源だとして、解決するためにつくったのが、組織の枠を越えたクロスファンクショナルチームです。

さらに、最近は自社内だけではなく、企業どうしのコラボレーションも盛んになってきています。そして、この傾向が今後も続くのは間違いありません。つまり、ヨコ型のリーダーシップの重要性は、ますます高まっていくということです。

## 自ら提案し、活路を拓いたSE

ヨコ型リーダーシップは、プロフェッショナルが自分の顧客に価値提供をするときにも必要になってきます。

現在のように各分野の専門性が加速度的に進み、なおかつ複雑化してくると、顧客自身が、自分の抱える問題がどうすれば解決するかという、正しいソリューションの形を思い描くのは、ほとんど不可能です。

だから、顧客に何をしてほしいかを尋ね、それを忠実に実行する下請けスタイルでは、問題解決に至りません。

そうではなく、いま求められている営業は、顧客より半歩先に行って、「あなたの問題はこれです。解決するためにこれをこうしましょう」と、自分のほうからどんどん提案することで相手を引っ張り、「なるほどそうだったのですか。それではあなたにお任せします」といわせるソリューションコンサルティングなのです。

そして、これはまさにヨコのリーダーシップそのものだといえます。

ヨコ型リーダーシップがない営業は、顧客に振り回され、ただ疲弊していくだけです。ひとつ例を挙げましょう。

ある大手企業のＳＥが、社内のキャリアアドバイザーのところに相談にきました。

彼はもともと優秀なSEで、数カ月前から顧客の会社に常駐して、そこのプロジェクトに参加していたのです。

ところが、顧客の意思決定が突然変わることがしばしばあり、そのたびに仕様の変更を余儀なくされました。それまで積み上げてきたものをゼロに戻して、一から開発をし直すということが、あまりに煩雑に繰り返されたのです。そのため、やってもやっても前に進めない徒労感に襲われ、すっかり自信を失ってしまったのです。

「自分はきっとSEに向いていないのです。違う職種に異動させてください」という彼の訴えをきいたキャリアアドバイザーは、本人の承諾を得て上司に連絡し、三カ月やってみて、それでも職種転換したければ認めるという言葉を引き出しました。

三カ月後、キャリアアドバイザーが彼のところに出向き、「やはり異動したいですか」と尋ねると、彼は活き活きした表情でこう言ったのだそうです。

「とんでもない。SEは私の天職でした。このまま一生続けます」

さて、三カ月の間に、いったい何が彼に起こったのでしょう。

実は、カウンセリングを受けた後、彼はこのように考えるようになったのです。

「お客さんから言われたことをやるのではなく、こうしたらどうかと、自分から先に提案するようにしたらいいのではないか」

当初、彼は顧客の指示に従うのが自分の仕事だと信じていたので、自分から相手に提案するようなことはほとんどありませんでした。しかし、「こうすればもっとよくなります」「事前に相談していただければ、こんなこともできたんですよ」といった情報を、自分のほうからコミュニケーションするようにしたのです。

そうしたら、少しずつ彼の意見に耳を傾けるようになり、やがてプロジェクトの意思決定にかかわる会議にも出席してほしいと、逆に向こうのほうから懇願されるまでになりました。

その会議でも、専門家である彼の意見は高く評価され、顧客から信頼を得た彼は、ついにシステム開発を自分の考えで進めていけるようになったのです。

要するに、彼は顧客のいうことを黙ってきくのではなく、顧客に知識やスキルに基づいた解決策を提案することが、自分の提供価値であるということに気づき、同時にそうすることによって、自分の仕事をプロフェッショナル化することに成功したのです。

## 「一般化された信頼」を身につける

ヨコ型リーダーシップをうまく発揮するためには、「一般化された信頼」という能力が不可欠です。

これは、目の前の人が信頼できる人物かどうかを、言葉や表情などから短時間で見極められる能力のこと。また、自分は信頼に足る人間だという印象を、できるだけ早く相手に与えられることもこれに含まれます。

この能力の根底にあるのは、人間というのは基本的に信頼しあえるという考え方です。しかし、そうはいっても、信頼に値しない人だってなかにはいるでしょう。そういう人は早めに見抜き、組織をつくる際は参加をご遠慮願うことも必要です。それをせず他の人と同じように信用してしまうと、組織全体が思わぬ不利益を被ることにもなりかねません。

だから、とくにリーダーになる人は、「一般化された信頼」の能力を身につけておかなければならないのです。

一方で、長い時間をかけて人間関係を築き、彼は大丈夫と自分が認めた人しか信頼しない、という人もときどきいます。狭い職種で長く働くうちに、騙されたり裏切られたりといった悪い経験を数多くしていると、こういうすれっからしになってしまうようです。

この手の人は、「一般化された信頼」という能力を獲得していないので、初対面の相手には、必ず不信感から入ります。

しかし、相手から信頼されていると感じなければ、誰もその相手を信頼しようとは思いません。つまり、こういう姿勢は、他の部門や組織を横断的にまとめる際は致命的なのです。

## 「多様性への感受性」が必要

「多様性への感受性」も、ヨコ型リーダーシップには欠かせない要素のひとつです。よく、自分が他人からされて不快なことは、他人にもしてはいけないという言い方をしますが、リーダーの心構えとしては、これだけでは不十分です。何を不快と感じるかは、人によって違うということを、リーダーは知っておかなければなりません。人間の心的機能には、自然に無理なく使えるものと、頑張らないと使えないものがあります。前者は「心の利き手」とも呼ばれるいわゆる動機のことで、この動機の違いによってその人の個性が形づくられるのです。

たとえば「切迫性」という動機があります。やらなければならないことは、とにかく前倒しで進めておかないと気がすまないという人は、この切迫性動機が強いのです。そして、こういう人は、なによりじらされるのが不快です。銀行のＡＴＭの列に並んでいるとき前の人がノロノロしてイライラしてくるというのは、まさに切迫性動機の強い人の典型です。

ところが、世の中には切迫性動機の弱い人もいて、彼らは行列に並ぶことは苦に感じない代わりに、早くしろと急かされると途端に不愉快になります。

だから、リーダーとなる人は、自分の動機を把握しておくことはもちろん大事ですが、それだけでなく、他のメンバーと接するときは、その人の動機にまで思いを馳せることを心掛けてください。

自分と動機が違う人を理解するのは簡単なことではありませんが、こういう動機をもった人ならどう感じるだろうと考えながら相手と接する。それを習慣とすることで、「相手の立場で考えられる能力」は確実に鍛えられます。それは同時に、多様性への感受性を高めるということでもあるのです。

また、相手のことをわかるだけでなく、相手を納得させ、望ましい方向に動かせるということも、リーダーには求められています。それは、相手の価値観を理解し、さらに自分の言いたいことを、相手に通じる言葉や相手の理解しやすい論理で説明できなければならないということです。

単に自分の思いを熱く語っても、あるいは理屈で説き伏せたところで、相手がその気になってくれなければ、行動には結び付きません。とくにヨコ型リーダーシップが必要な局面というのは、権限を使って相手に有無を言わせずにやらせるということができないわけですから、いかに相手の内発的な動機による行動を引き出せるかが、勝負の分かれ目なのです。

## ソーシャルアントレプレナーの説得力に学ぶ

ヨコ型リーダーシップの重要性が最もわかっているのはソーシャルアントレプレナー（社会起業家）でしょう。

彼らが取り組んでいるのは社会問題の解決ですから、課題としてはかなり大きいといえます。しかしながら、彼らが自分で自由にできる経営資源というのは、通常あまり多くありません。

つまり、いろいろな人たちの協力を得ないことには、目標を達成することができないのです。

『誰が世界を変えるのか』（フランシス・ウェストリー他著・英治出版）には、いろいろなソーシャルアントレプレナーの活動が紹介されています。そのなかに、カナダの緩和医療運動のリーダーが、ある大学病院に緩和医療専門の病棟をつくる働きかけをしたときの話がありました。

大学病院にこの提案を受け入れてもらうためには、最終的に外科部長、看護師長、サービス部長の三人の了解が必要です。そこで、リーダーは一人ひとりの説得を試みます。

まず外科部長。彼は大学のアカデミックな業績を何より重視していました。そこで、彼には、病棟をつくればペインクリニック（痛みの診断・治療）に関する研究が進み、この分野での評価が高まることを強調し、賛同を得ます。

続いて、看護師の役割を拡充し、地位を引き上げることに強い関心をもっている看護師長には、緩和医療の主役は医者ではなく看護師であるという言い方で、味方に引き入れることに成功。

三人目のサービス部長は、キリスト教の熱心な信仰者でした。そこで、この点に着目し、緩和医療はまさにキリスト教の博愛精神そのものであると説き、理解を得たのです。


このリーダーの素晴らしいところは、大事な意思決定をするにあたっては誰がキーパーソンなのかを正しく把握し、さらにそれぞれがどんな価値観の持ち主かを見極めたうえで、自分の希望を相手に届く言葉に翻訳し、ウイン・ウインの関係を築いたところです。

これこそまさに、ヨコ型リーダーシップのお手本だといっていいでしょう。

# 条件4　普遍性の高い学びをする

## インド人と日本人のメンタリティーの違い

変化が速く、想定外の事態が当たり前のように起こる現代において、応用力があるというのはプロフェッショナルの必須条件です。

それには、一つひとつの経験から普遍的なことを学べる能力がなければなりません。

ところが、現実には、「自分で考えるよりも、正解があるのなら先にそれを教えて」と、安直に表面的な答えを求める「教えて教えて症候群」が若者に蔓延している。これは由々しき事態だといわざるを得ません。

こうなった原因のひとつが、検索機能の充実です。原理原則や体系的な知識がなくても、また必要な経験が不足していても、いまはグーグルの検索エンジンを使えば、すぐに答えに到達することができます。カーナビも同じことです。こういうやり方に慣れてしまうと、思考すること自体が何か無駄なことのように思えてくるのです。

それから、教育にも原因はあります。受験勉強にあまりに価値を置きすぎた結果、正解に効率的にたどりつくことばかりが重視されて、なぜそうなるかをじっくり考える機会がスポイルされてしまったのです。ものごとの本質まで遡って考えるという訓練をしてきていないので、なぜそれが必要なのかわからないのでしょう。

インドの学校では、答えが合っているかいないかよりも、いかに人と違うクリエイティブな解き方をしたかのほうが重視されます。インド人のビジネスパーソンはみなそういう教育を受けてきているので、会議でも人と同じ意見はまず言いません。誰かがAと言ったら自分はBと発言しないと、存在価値がないと思っているのです。

しかし、日本人でそういうメンタリティーをもっている人は、残念ながら非常に少ない。原理原則がわかっていればどんな問題も解けるのだということを、学生時代に学んでいないから、そういう発想ができないのです。

## 普遍的な学びができる人は、ラーニングカーブが変わる

普遍性の高い学びがなぜ重要なのかを、ラーニングカーブで考えてみましょう。

ほとんど変化のない時代、つまり、ある職業に就いたら一生かけてその職を極めるのが普通だったときは、生涯学び続くので、ラーニングカーブもずっと右肩上がりのままです。古いタイプのプロフェッショナルは、このパターンだったと言えるでしょう。

では、ピラミッド組織の場合はどうか。カーブの立ち上がりは早いものの、初任者の仕事は極力単純化されているため、カーブはすぐにフラットになります。そして、昇進すると、新たに上司としての学びの必要性が生まれてくるので、再びカーブが屹

立しますが、これはその前のカーブの上に積みあがっていくキャリアステップですので、これを繰り返して、最終的にラーニングカーブは階段状になります。

それでは、変化の激しい二十一世紀に、プロフェッショナル型の仕事をする人のラーニングカーブはどのような形を描くのでしょうか。

想定外の変化が起こるのが前提ですから、あるところまでは上昇していっても、想定外の変化に遭遇するとそこで一気に下降します。しかし、普遍性の高い学びをしている人は、ゼロに戻ることはありません。

たまたままったく脈絡のない別の仕事に就いたとしても、前の仕事のときに学習したいくつかのことは、次の仕事にも応用できるので、ゼロよりも確実に上の位置から再びカーブの上昇が始まります。そして、また想定外の変化で落ち、前回のスタート時より少し高いところからまた昇りはじめる。

そうすると、最終的にはのこぎりの歯のような軌跡が残るのです。

**変化の激しさと成長曲線**

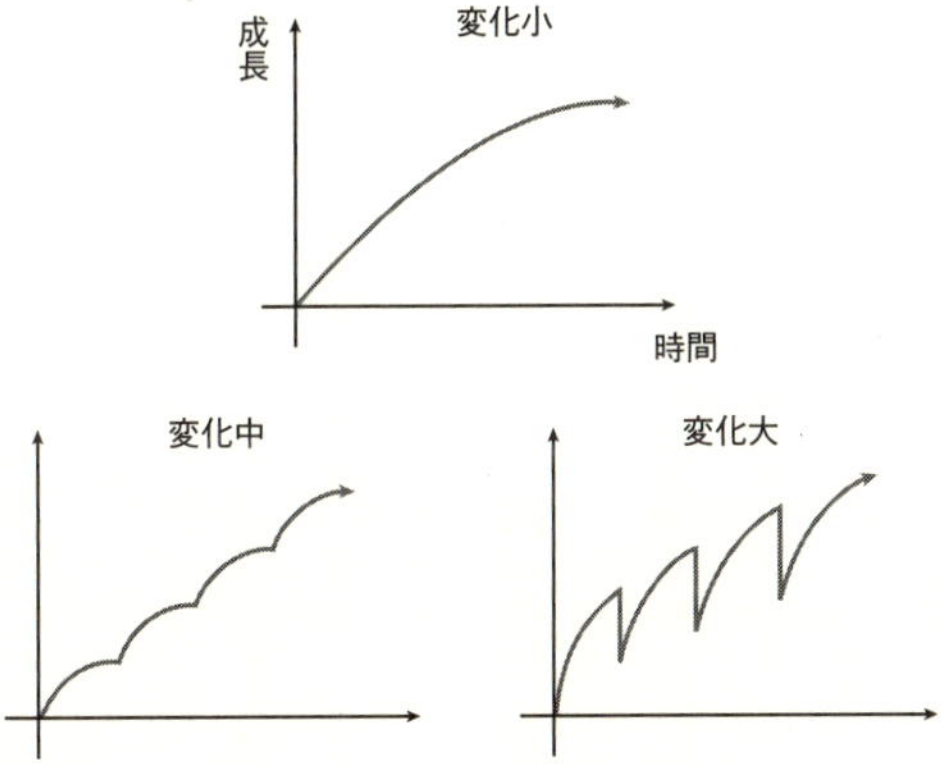


ところが、普遍的な学びができない人は、こうはなりません。たとえば五年間働いたところでその事業が廃止になって、新たに別の分野の仕事に就いたとします。このとき、それまで学んできたのが直接仕事に役立つことばかりだと、次の仕事には応用が利かないので、またゼロから学び直さなければならないのです。

こういう人はいつまで経ってもキャリアが積み上がらず、一生環境の変化に振り回されることにならざるを得ない。だから、変化の激しい時代には、普遍性の高い学びができなければならないのです。

## 適応すれども同化せず

普遍性の高い学びをしていくためには、気をつけなければならないことがいくつかあります。そのひとつが「適応すれども同化せず」です。

異動や転職などで環境が変わったら、新しい職場の人たちや顧客に適応して、うまくやっていかなければなりません。ところが、適応を同化と勘違いしている人が、日本のビジネスパーソンには非常に多いのです。

同化というのは新しい環境のなかで、そこにいる人たちと同じになること、ゼロから新たなキャリアを構築していくことを意味します。つまり、過去を捨て去るといっているのと同じなのです。

せっかく元からそこにいる人たちとは異質の経験をしてきているのですから、それをあっさり捨ててしまったらもったいない。活かして自分の価値にすることを考えるべきです。

もちろん、職種や業種が異なれば、直接使えることは少ないかもしれません。でも、それまでの経験で培ってきたスキルや能力のなかには、どの仕事にも応用が利く普遍的なものも必ずあるはずです。それこそが新しい職場で、あなたの個性になる可能性を秘めた部分なのだと思ってください。

他社や他分野で働いたことがある人というのは、その職場では学べないことを学んできているのです。その職場しか知らない人にはできない発想やものの見方ができるのですから、それを自分の武器としない手はないでしょう。

それに、完全に同化してしまうと、次に環境が急激に変わったとき対応できず、恐竜のような運命をたどることになるので、そういう意味でも同化は避けなければなりません。

もちろん、新しい環境でスムーズに仕事を行うのに必要なことは、素早く身につけるべきです。しかし、同化はしない。このバランスが重要なのです。

## 日本陸軍はなぜ失敗したのか

発言がぶれるのはよくないこと。日本では一般的にそう思われているようです。

しかし、現代のように環境が目まぐるしく変わる時代においては、変化に応じて柔軟に対応できることのほうが、むしろ重要だと私は思います。

一貫性に価値を置きすぎるという日本人の傾向が重大な損失につながった例としては、太平洋戦争が有名です。

日本軍という組織の特性を社会学的に研究した名著『失敗の本質』（中公文庫）には、旧日本陸軍がガダルカナルで敗れた理由のひとつに、ノモンハン事件で失敗した参謀を再起用し、同じ失敗を繰り返したことが挙げられています。

陸軍大学校では記憶力に加え、意志が強固なことが優秀な人の条件でした。どんな状況下でも「帝国陸軍はこうあるべき」という強い信念が決してぶれない人でないと、幹部候補生にはなれなかったのです。

『失敗の本質』の著者の一人、野中郁次郎氏から、以前こんな話をうかがいました。「いまから数十年前にこの本を書くにあたって、旧日本軍で生き残った将軍を数多く聞き取り調査をした。その結果わかったことがある。それは、彼らはそろいもそろって右脳しか使っていない人間だということだ」

つまり思いが強く、状況がどう変わろうと自分の価値観は微塵も揺るがないというタイプの人が、旧日本軍では意思決定をしていたのです。戦況に応じて作戦を臨機応変に変える客観性や柔軟性など、もちあわせていないのですから、これでは戦いに勝てるわけがありません。

人物評価の固定化も大いに問題です。陸軍大学校の評価が生涯ついて回り、成績優秀だった人が陸軍に入っても要職に就くということに、当時はほとんど誰も疑問をもっていませんでした。

しかし、学校の成績と実践の場での能力が、同じであるはずがありません。その結果、戦場で有能でない人も幹部に登用されるということが起こります。そういう幹部に率いられた部隊は、誤った作戦や指示によって壊滅や敗走の憂き目をみることになったのです。

現代の日本でも、これと似たようなケースがみられます。それは、ビジネスパーソンを評価する基準のひとつが、学歴だということです。

ただし、学歴といっても最終学歴ではありません。現役で卒業した大学名が、日本では生涯意味をもつのです。東大の大学院を出ていても、学部が地方の国立大学なら、通常そちらが学歴評価の基準になって、その人は東大卒とはいわれません。ちなみに、卒業した大学よりも偏差値の高い大学院に入って、そちらの大学名を自分の学歴として名乗ることを、学歴ロンダリングという人がいました。

また、社会に出てから大学院に通って修士号を取得したり、ビジネススクールでMBAを取ったりしても、それは日本では学歴とは別物としてみられてしまいます。日本のビジネスパーソンが社会人教育や自己啓発にあまり熱心でない理由は、このあたりにもありそうです。大学で評価が決まるのだから、社会人になったら自分より、大学入試前の子どもの教育にお金をかけたほうがメリットが大きいというわけです。

一方、欧米では、就職して数年後に一念発起してハーバードビジネススクールに通い、学位を取ったら、社会ではハーバードビジネススクール卒という評価を受け、会社でもそのように扱われます。自分の意志と努力で、学歴は何度でも変えることができるのです。就職も、新卒の時の一発勝負では、敗者復活社会とは到底いえません。当初の大学名と最初に入った企業名で人の評価が固定化する社会、これこそ変革しなければなりません。

## 菊乃井は「なぜそうするのか」を教える

単に自分より上の人や権威者に言われたことが頭で理解できたというレベルでは、普遍性の高い学びはできません。なぜそうなのかということが腹に落ち、心の底から納得できて、はじめてさまざまなことに応用可能な、普遍的な学びといえるのです。

京都の老舗日本料理店、菊乃井の主人である村田吉弘氏は、まさにこの点に注目して、若い板前を育てているといいます。

三十代でミシュランの三つ星を獲得するシェフが珍しくないフランス料理などに比べて、日本料理は人が育つのに時間がかかるといわれてきました。しかし、村田氏は、早くから菊乃井の世界展開を考えていたこともあって、料理人を従来よりも短い期間で一人前に育てる方法はないか、と模索していたのだそうです。

もともと日本料理の世界は、「この食材は、こう切れ」と先輩に言われたら、黙ってそれに従うしかなく、理由をきいても「ウチでは昔からずっとそうだ」とまともに答えてもらえないのが普通でした。

ところが、村田氏は、そういうやり方が育成を遅らせているのではないかと考え、「それは切り口がこうだと、味が中まで沁み込みやすくなるからだ」というように、技術だけでなく、なぜそうするのかという理屈も一緒に教えるようにしたのです。

すると、若くても才能のある板前がどんどん育つようになってきたといいます。

なぜそうするのか、それにはどういう意味があるのかということまでわかっているのといないのとでは、わかっているほうが当然上達は早くなります。

それに、本質や基本理念を理解していれば、たとえ同じ食材が手に入らなくても、それに近いクオリティーを引き出すにはどうしたらいいか、と考えることができる。つまり、応用が利くのです。海外で日本料理を扱うには、日本と同じ材料はまず手に入りませんから、こういう応用力は欠かせないのです。

このように、プロフェッショナルを育てるには、業務支援だけでなく、なぜそうするのかという本人の疑問にきちんと答えてあげられる、内省的支援の環境を整えておく。それが普遍性の高い学びのある職場というわけです。

## ビジネスパーソンに多い三つのタイプ

二十一世紀に求められているのがプロフェッショナルであることは、疑いようがありません。

しかし、そう思って日本の企業をみてみると、圧倒的多数を占めるのは、プロフェッショナルとは程遠い働き方をしている人たちです。

では、どのようなビジネスパーソンが多いのか、分析してみましょう。

### ①マニュアル志向と指示待ちタイプ

これには先ほどの「教えて教えて症候群」の若者も含まれます。

彼らの特徴は、「この場合はどうする」「こうなったときの正解は何」というように、個別のケースに対する具体的な答えをほしがり、そのとおりにしようとすることです。

変化が少なく、想定外のことなど滅多に起こらない時代ならともかく、現代のように次から次へと予想を超えるような事態が毎日のように発生し、それに対応していかなければならない時代はどうでしょう。その一つひとつに解を求め、それを実行しようとしていたら、ものすごい数の学びをしなければならなくなってしまいます。

しかも、その学びには普遍性がないので、少し環境が変わるともう対応ができない。つまり、このタイプの働き方は、二十一世紀には最も適していないといえます。

## ②ステレオタイプ型

ごく少数の具体的経験を無理やり一般化し、強引に普遍的学びにしてしまうのがこの人たちです。

たとえば、期待をしていた女性の部下が、結婚を理由に突然退職したとしましょう。するとステレオタイプ型の上司はこう思います。「ほら、みたことか。女性というのは男と違って、腰を据えて働こうという気持ちが足りないのだ」

しかし、その女性が辞めた本当の理由は、もしかしたらそんな上司の偏見を敏感に感じとって、この人の下に長くいても成長できないと思ったからかもしれないのです。

ところが、女性は仕事より結婚を優先するものだと思い込んでいる上司に、そんな想像力が働くはずもなく、次に部下になった女性も、どうせ結婚したら辞めるのだろ

う と 勝手に決めつけ、長期的に育てようとしません。

それで、この女性もまた、まるでチャレンジングな仕事を任せてくれない上司に嫌気がさして辞めてしまう。そうすると、「やっぱり女性はこうなのだ」という上司の思い込みは、ますます強化されるのです。

このようなステレオタイプ型の人というのは、心理学的には「認知の歪みが原因」と説明されています。

また、環境が変化しても対応できず、自分の思い込みだけが強化されてますます隘路《あいろ》にはまり込んでいくので、やはり二十一世紀には不適格だといえるでしょう。

### ③コメンテーター型

誰かの発信した抽象的なメッセージをそのまま受け止め、「大事なのはこういうことなのだ」と、抽象的なまま自分の表現に変えて使う。まるでワイドショーのコメンテーターのような人もよく見かけますが、彼らもまたプロフェッショナルとはいえません。

なぜなら、そこには普遍性の高い学びに不可欠な、具体的な事例が欠けているからです。

自分自身が主体となって、ものごとを実際に経験し、さらにその結果を受け止めたら、今度はなぜそうなるのかを徹底的に考える。そして考えた結果を現実に移し、その結果をみてまた考える。このように具体と抽象を何度も往復することによって、ようやく腹に落ちる納得が生まれるのです。

この作業なしに、ものごとの本質に迫ることはできません。つまり、コメンテーターではプロフェッショナルになれないのです。

## 普遍性を高める学びの方法

抽象的なメッセージを受け取った場合は、必ずそれを具体的な事例で確認すること。そのうえで再び抽象化を試みるということをやるなら、それが普遍性の高い学びになる可能性は高いといえます。

抽象的な表現を類義語に置き換えたり、反対語を考えたりするのもいい方法です。

「これから活躍するのはプロフェッショナルだ」といわれたら、なんとなくわかった気になるのではなく、「プロフェッショナル」を別の言葉で表現するとどうなるか、考えてみます。それで「スペシャリスト」という単語が思いついたとしましょう。

でも、プロフェッショナルとスペシャリストとはどこか違う気がする。そう思ったら、いったいどこが違うのだろうと考えてみるのです。これはまさに、プロフェッショナルの本質を考えることにほかなりません。

あるいは、プロフェッショナルの反対語は何かを、メッセージの発信者に尋ねてみる。そうすると、ちゃんと理解している人なら、「アマチュアではなくサラリーマンだ」と答えてくれるはずです。それを知れば、今度はサラリーマンの対極にある働き方をイメージすることができます。こうすることによって、プロフェッショナルの理解がより深く、正確になっていくのです。

また、偉い人が言ったことを信じる、権威者の言葉だから正しいという態度ではなく、広くいろいろな人の意見をきくようにすると、普遍性の高い学びは格段に進みます。

そういう意味では、議論やブレーンストーミングは大いにやるべきです。

ただし、会議で意見を出し合っても、最後は上司のひと言で決まってしまうというケースも、日本の会社には少なくありません。これは、多様な意見の交換こそが普遍性の高い学びを促進するということを、上司がわかっていないからです。

いろいろな意見を調整するのは時間の無駄だと思っているのかもしれませんが、議論の目的は調整ではなく、多様な考え方から新しい価値を創造することなのです。

プロフェッショナルな働き方を志すならば、上司のひと言よりも、議論の力のほうを信じてほしいと思います。

# 条件5　専門性と動向にコミットする

## 生涯テーマをどう見つけるか

プロフェッショナルならば、自分の活動分野を取り巻く現在の状況や、今後どのように変化していくかなどについて、自分の意見をもっていなければなりません。

技術、市場、政治、国際関係など、自分の分野に関係する問題については、その動向と将来の予測を自分の言葉で説明できる、それがプロフェッショナルというものです。

現代は変化が激しく、想定外の出来事が起こるのが前提なので、何が起きても対応できる柔軟性は、プロフェッショナルにとってことに重要ですが、同時に、持論やこだわりがないと、ただ振り回され、流されることにもなりかねないのです。

また、現在の自分の仕事以外にも、生涯のテーマをもち、それを究めていくことも、併せてやっていくことをお薦めします。


たとえば、人事のプロでなくても昔からずっと人の心理に興味をもっているなら、心理学の本を読んだり、カウンセラーになるための講座に通ったりといったことを、週末やアフターファイブを利用して積極的にやってみるといいでしょう。

それから、そうやって学んだことはそのままにせず、さまざまな機会に発信すること。あるテーマについて発信を続けているところには、必ず最新の情報が集まってきます。

あるいは、その分野に関するキーパーソンから声がかかる可能性だって、ないとはいえません。そうなれば、そういう人たちと情報や意見を交換することができるようになります。専門性を高めるのに、これほど有益なことはほかにないでしょう。

そういう機会を増やすためにも、発信は必要なのです。

さらに、油断すると専門性はあっという間に陳腐化します。専門性の陳腐化はキャリアの陳腐化につながるので、致命的です。自分の専門性が社会でどの程度のレベルにあるのかを、定期的に棚卸しをして確かめることも、習慣化しておくといいと思います。

もし、何を生涯のテーマにしていいかわからないなら、若いころ読んで印象に残っている本を、本棚から数冊抜き出してページをめくり、どんなところに線が引かれているか、確かめてみるのもひとつの手です。そうすることによって、かつて自分がどんなことに問題意識をもって生きていたか、ということがはっきりします。

それは、いまやっている仕事とはまるで関係ないことかもしれませんが、もしかしたらそれこそが潜在意識に刻まれた、あなたの一生のテーマかもしれないのです。

専門性や生涯のテーマは、必ずしもひとつに絞る必要はありません。専門性を深めることは重要ですが、ひとつの専門性だけで勝負できるのは、よっぽど才能に恵まれた人だと思ったほうがいいでしょう。

それよりも、専門性を複数もち、それらを組み合わせて自分らしいユニークな価値を生み出したほうが、プロフェッショナルとしてよっぽど容易に差別化が図れます。

ただし、各専門分野の知識を並べても、それだけではダメです。一見関係ないものをつなげることができて、はじめてそこに新たな価値が生まれるのです。

では、どうすればそれができるのか。まず、普遍性の高い学びができること。そして、常にアンテナを立て、複数の分野の専門性や動向にコミットしている。この二つが必須条件です。

「いまAの分野で起こっている○○は、Bの分野の××と同じことです。なぜかというと～」というように、まるで違う世界の話を、ひとつの文脈に入れ込んで語ることができる人は、まさにそうだといえます。別の分野の話を比喩に使う習慣は、意外な価値を生み出すばかりでなく、本質的メッセージの類似性という普遍性の高い学びに結びつきます。

## スイスの時計学校は基礎理論を重視する

プロフェッショナルとして一生第一線で活躍するには、若いころから自分の将来のキャリアに危機意識を抱き、現在の仕事に関係なく、必要だと思うスキル獲得のために自己投資をするということも重要です。

別の章でも触れましたが、以前、四十代のSEにインタビューしたところ、「会社から与えられるレガシー系の仕事には先がないと早々に見切りをつけ、三十代のころからオープン系やクラウドといった最先端の勉強を自分でやってきた人は、四十代であっても第一線で活き活きと働き続けている」ということが明らかになりました。

SEの世界では一般的に、四十歳を過ぎると最新の技術についていけなくなるため、現場を離れざるを得なくなるといわれていましたが、そうではありませんでした。将来を見据えた自己投資をやってきたかどうかが、分かれ目だったのです。

もうひとつ、基礎理論もプロフェッショナルとして働くには、なくてはならないといえます。

時計産業で名高いスイスには、ロレックスやフランク・ミュラーといった高級時計の製造に携わる職人を育てる時計学校があります。

そうきくと、実習や技能研修が中心なのかと思いがちですが、実際は、二年間のうち最初の一年は、物理学などの基礎理論の勉強を重視するそうです。

たとえば、薄い金属板に光を当てて、その反射光の色で歪み具合を判断するという技術があります。この技術を習得させるために時計学校ではどうするかというと、実技の前に、光の反射や屈折はどうして起こるかという物理学の原理から教えるのです。

実技を通しての技術伝承だけだと、使う金属の厚さや質が変更になったときに、使い物にならなくなってしまう。しかし、原理原則をきちんと押さえていれば、応用が利くというのがその理由です。

とくに、いまのように時代の変化が激しいと、いくらＯＪＴをしっかりやっても、環境が変わったら、覚えた知識や技術がまるで使い物にならなくなった、というようなことが容易に起こります。

また、グローバル化によって、世界のどこに行っても同じ価値提供を求められるようになりました。この場合も、原理原則がわかっていないと、その要求には応えられません。

そう考えると、基礎理論の重要性は、今後ますます高まるといっていいでしょう。

# 条件6　キャリアの背骨をつくる

## フランク・ミュラーには時間哲学がある

社会人となり、まさにこれからキャリアをつくっていこうという人にとって、大事なことは何だと思いますか。

専門性を身につける、有利な資格を取る……おそらくほとんどの人の頭には、こういったいわゆるエンプロイアビリティー（雇用され得る能力）に関することが浮かぶのではないでしょうか。

たしかに現在のような厳しい環境下で、この先何十年も競争社会を生き抜いていかなければいけないことを考えたら、そういう発想になるのもわからなくはありません。

しかし、本当はもっと重要なものがあります。それは、「キャリアの背骨をつくる」ということです。

働くうえでこれだけは絶対に譲れないという哲学や思想、自分の価値提供のスタイル、アイデンティティー。こういうものを総称して「キャリアの背骨」といいます。

若いうちは、なによりもまずこれをしっかりつくっておくこと。さもないと手足は器用でも、背骨のない軟体動物になってしまいます。これでは満足いくキャリアは築けません。

フランク・ミュラーは世界的に有名なスイスの高級時計メーカーです。そして、この社名及びブランド名は、創業者の名前でもあります。

ミュラー氏は時計職人になるにあたり、技術だけでなく、時間の概念や人間にとって時間とは何かという、哲学的テーマを徹底的に勉強しました。フランク・ミュラーの時計は独創的なデザインが特徴ですが、それは単に奇をてらっているのではなく、

「時間とはこういうもの」「時計はこうでなければならない」というミュラー氏の哲学を形にしたものなのです。

ミュラー氏には確固たるキャリアの背骨があった、だからこそ、あのデザインは生まれたといっていいでしょう。そして、世界中のセレブに、類まれな価値を提供することに成功しました。

フランク・ミュラーが、瞬く間に世界的ブランドに成長することができたのには、そういう理由があったのです。

## エスモードジャポンは三年間で背骨をつくる

キャリアの背骨をつくることを重視している学校もあります。

エスモードジャポン。約百七十年前のパリで生まれた、世界最古のファッションデザイナー・パタンナー専門教育機関の日本校です。

いわゆる専門学校ですが、高校卒業後すぐに入学してくるのは全体の三割程度、残りは社会人経験者や大卒者と中退者なので、社会人学校的な色合いもかなり強いといえます。

東京校と大阪校があり、今年の新入生は両校合わせて約二百人。入学に比べ卒業のハードルは非常に高いものの、卒業できれば就職率はほぼ一〇〇％で、しかもそのうちの九割以上が、パタンナーまたはデザイナーなどのプロフェッショナル職種に就職するというから驚きです。

というのも、日本のファッション専門学校だと、卒業してすぐにパタンナーやデザイナーになれるのはせいぜい二割程度。ほとんどの人はファッション関係でも、ショップ店員のような、学校の養成目的以外の職に就かざるを得ないというのが現実だそうです。

ちなみに、卒業しても、そこで教わったスキルを活かせる仕事に全員が就けないというのは、なにもファッション専門学校だけではありません。美容専門学校でも、はさみを握る前のインターンシップの段階で、ドロップアウトしてしまう人がかなりいるときいたことがあります。

原因はいろいろ考えられますが、早い話が実際のニーズよりも、その職業に就きたい人の数が多いのです。

もちろん、服が好きでファッションの世界で働ければそれで満足という人なら、ショップ店員でもいいのでしょう。しかしショップ店員を一生続けていけるかといったら、それは無理だし、雇うほうもそんなことは、もともと望んでいないと思います。

つまり、同じファッション業界に就職するといっても、プロフェッショナルとして生涯第一線で腕をふるい続けられるパタンナーやデザイナーと、ショップ店員とでは、まったく意味が違うのです。

その点、エスモードジャポンは、入学時から卒業生をプロフェッショナル人材として世に送り出すことを目的にしています。だから、カリキュラムもその目的に沿うような内容になっています。

卒業制作に対する評価の厳しさもそのひとつです。エスモードジャポンでは、三年間の成績と卒業制作の評価で卒業できるかどうかが決まります。そして、その比率は五〇対五〇、つまり、三年間どんなに頑張っても、卒業制作の評価が低いと卒業できないのです。

卒業制作は、与えられた課題に対し、一人二点の作品を制作し、それを現役のファッション業界人五十名が審査します。プロの眼にさらされるのですから、評価が厳しくなるのは当然です。一方で、作品を通してこの人は才能があると判断されれば、その場でリクルーティングの声がかかることもあります。

こうきくと、今日ショップに並べても売れそうな服をつくることができる、器用な人が高い評価を受けそうに思えますが、実はそうではありません。

エスモードジャポンの創設者であり、今や世界のエスモードの責任者を務める仁野覚氏によれば、売れる服をつくる技術などというのは、卒業してからも学べるので、それほど重要ではない。それよりも大事なのはその人が、「誰に向かって、どんな切り口の服を、生涯つくり続けたいのか」ということのほうだそうです。

そう、これはまさに、キャリアの背骨をつくることにほかなりません。

ここがしっかりしていなければ、たとえ優れた技術があっても、その人は一発屋で終わってしまう可能性が高いというのです。

エスモードジャポンが目指しているのは、あくまでパタンナーやデザイナーとして長くファッション業界で活躍し続けられる人なので、学生には三年間を通じてこの「誰に向かって、どんな切り口の服を、生涯つくり続けたいのか」という自問自答を徹底的にさせるともいっていました。

そのうえで基礎的な技術を教え、さらに世界の文化や服飾の歴史など、発想のポケットとなる知識を与えるのです。

また、仁野氏は、ファッションが好きで高校を卒業してそのまま入学した人より、他の世界でいろいろ経験してきた人のほうが、高い評価を得るケースが多いともいっていました。

実際、卒業制作のグランプリに輝いた人のなかには、大学で数学を専攻していて、そこから進路変更したという経歴の持ち主もいるそうです。

数学の知識を応用して、「二次元の着想を三次元に展開したらどうなるか」というところから常にデザインを考えるという彼は、プロフェッショナルとして生きていくための背骨を三年間でつくりあげた、まさにその部分が評価されたのだといっていいでしょう。

## 企業に求められるのはオンデマンド人材

企業内のOJTで、プロフェッショナル人材を育てることは可能でしょうか。

OJTのいいところは、上司や先輩の仕事のやり方を間近にみて学べるので、即戦力を育てやすいという点にあります。

しかしながら、ここから創造と変革の人材が生まれるかといったら、難しいといわざるを得ません。ましてや変化が激しく深い専門性が求められる時代に、長期にわたって第一線で価値を提供し続けられるプロフェッショナル人材となると、はっきりいってOJTだけでは無理です。

また、以前はGEのように、膨大な時間と経費をかけて人材を育てている企業がたくさんありましたが、最近はこれもかなり減っています。『ジャスト・イン・タイムの人材戦略』(ピーター・キャペリ著、日本経済新聞出版社)によると、企業が長期的な人材育成をしなくなったのは、環境の変化が激しくなって、何十年もかけて人を育てても、必要な人材像が途中で変わってしまって、長期投資そのものが成り立たなくなってしまったからだということです。

逆に、いま求められているのは、オンデマンド人材モデル。たとえばアメリカの企業が中国に進出するのに、中国で使える人材を十年かけて育てていたら、とてもではないが間に合いません。そこで、いざというときすぐに活躍できる人材を、いかにジャスト・イン・タイムで育成できるかが、最近の欧米企業における人材戦略の課題となっているのです。

それは想定外の変化に対応できる、普遍性の高い学びのできる人を育てるということにほかなりません。そして、そういう企業の要求に応えるためには、キャリアの初期にしっかりした背骨をつくっておかなければならないのです。

## SEはどのように背骨を見つけたか

先ほど、四十歳を過ぎても第一線で活躍しているSEは、若いころから最新スキル獲得のための努力を怠らなかったからだ、という話をしました。

実は同じインタビューのなかで、違う要因で、現場で価値を出し続けているSEが、もうひとりいたのです。

彼はもともと人に対する興味が強く、部内だけでなく他の部署の人たちとも積極的に交流して、人間関係を広げていくのが好きだったといいます。SEには彼のような、人間関係を構築する術に長けた人はあまり多くいないので、よほど目立ったのでしょう。それで、だんだんとプロジェクトリーダーに抜擢されるようになってきました。

するとと、新しいメンバーの心をいち早くつかむのはお手のものですから、彼のチームはまとまりもよく、いつもいい結果を出します。そこで、あるときから重要なプロジェクトとなると、必ず彼がリーダーとして抜擢されるようになったのです。

彼はSEでありながら、誰とでも信頼関係をつくれるという類まれな能力をもっていた。それに気づき、プロフェッショナルとして生きていくための自分の武器にすることに成功したのです。

もうひとり、似たような人がいます。彼はある会社のエンジニアで、若いうちから「この分野ならあいつ」といわれるようになろうと、特定分野の技術を高めることに、とくに力を入れていました。ところが、あるとき新商品開発プロジェクトに加わったのがきっかけで、その考えが一変します。

この世にまだないものをイメージし、形にするには、想像力や斬新な発想、周囲を説得し巻き込む力などが必要です。プロジェクトの他のメンバーがそれに苦しむなか、彼だけはプレッシャーを感じながらも、そのワクワク感にしびれていました。そして、これこそが自分のやるべき仕事だと実感したのです。

そこで、「何か新しいことをやるときは、あいつが欠かせない」ということを自分のブランドにしようと決めた彼は、ついにそれを現実のものにしてしまったのでした。

このように、普遍性の高い自己ブランド意識もまた、キャリアの背骨になります。何が自分のブランドになるかは、自分が気持ちよく感じ、なおかつ価値を出せていると思える瞬間を大事にすること、またそういう感覚に敏感になることです。

## キャリア教育の問題点は何か

キャリアの背骨をつくることの重要性は、人材開発のプロフェッショナルこそ、強く意識しなければならないことだともいえます。

私が所属する慶應義塾大学SFC研究所キャリア・リソース・ラボラトリの代表を務める花田光世教授が、人材開発のプロフェッショナルを目指す人たちに対し、常日頃から口を酸っぱくして言っていることは、プロフェッショナルとしての心構えがいかに大事かということです。

現在の人材開発は、いま会社が必要とするスキルをもった人材、というような「会社都合」に応えるという方向に、安易に向かいがちだといってもいいでしょう。しかし、そこからは本人を支援するという、人材開発の基本である視点が抜け落ちているといわざるを得ません。

会社の要請だけに耳を傾け、中長期的に本人がキャリアや人生をどのように切り拓いていくかという本人支援の視点を置き去りにしていたら、どうでしょう。どんなに画期的なツールを用いても、あるいは最新の技法を取り入れても、長期的には本人と会社の利益相反の部分が残るので、本質的にいい方向にはいかないはずなのです。

だから、人材開発の真のプロフェッショナルであるならば、たとえ会社からいわれなくても、個人が自分らしいキャリアをつくりあげる支援ができなければなりません。そうしないと、社員を振り回すだけの人材開発になってしまいかねないからです。

また、個人の支援ができるようになるためには、心理学の基礎を理解していることが絶対に必要です。

現場の体験から得た知識、職務経験、ＯＪＴで上司や先輩から教わったこと。これら一つひとつはもちろん大事なことですが、これだけではプロフェッショナルとしての背骨はできません。

個人の視点に立つというのは、人間の本質がわかっていて、はじめてできることなのです。そのためには社会人教育の門を叩くなどして、人間心理の基礎理論を体系的に学ぶことが不可欠であり、それなしに経営視点と個人視点のバランスなどを考えているだけでは、いつまで経っても背骨はできないでしょう。もちろん有益な人材開発などは、期待できるはずもありません。

そして、個人支援ができなければ、それは第一線で活躍できるプロフェッショナル人材を育てられないということですから、短期的に会社都合に従ってスキル注入型人材開発をしたとしても、長期的にみれば会社経営の役に立っているとは言い難いのです。

ちなみに、私のかかわっている慶応丸の内シティキャンパスのキャリアアドバイザー養成講座や、「はじめに」でも触れた沖縄での人材開発プロフェッショナル養成講座では、人材開発の基礎理論や最新技法を教える以上に、プロフェッショナルとしての背骨をつくることに重点を置いています。

ここで、現在のキャリア教育の問題点も指摘しておきましょう。それは、以下の三つに集約されるといっていいと思います。

①職種マッチング重視
②やりたいことを仕事にすべきという、内因的仕事観への表面的かつ過度な偏り

### ③目標逆算的、計画的キャリア形成イメージ

自分に向いている仕事に就くことが大切だ。やりたいこと、やりがいを感じることを仕事にしよう。最初に目標を決めて、そこから逆算する効率的なキャリアデザインが大事、ということです。著名人の書いた人生目標型メッセージの書籍や記事を読み、また就活セミナーなどでのエントリーシートの書き方や面接の対応の仕方といった、表面的スキルを身につけるなかで、そのような誤解が生まれているのでしょう。

繰り返しになりますが、キャリアの初期に必要なのは、背骨をつくることなのです。とくにこれから就職活動に臨もうという人は、このことをよく肝に銘じておいてほしいと思います。

# 条件7　行動と成長をセルフマネジメントする

## コーチは二種類の帽子を使い分ける

自己規制や自己管理ができなければ、顧客からの信頼は得られません。

職業倫理やポリシー、価値観などで自分を厳しく律していない人は、すぐ相手にわかってしまいます。そうすると、相手からは「騙そうとしているのではないか」「駆け引きをしてくるに違いない」という目で見られ警戒される。これでは本音を引き出すのは不可能です。

顧客が心を開き、自分の問題意識をストレートに伝えてくれないのに、どうして問題解決ができますか。一緒に仕事をする仲間からもそういう目で見られていては、いい仕事ができるはずがありません。

だから、自己規制や自己管理が大切というのは、決して精神論やきれいごとでいっているのではありません。プロフェッショナルとして顧客に価値提供を効率的にするために、どうしても必要なことなのです。

また、自分の行動規範はこれだと紙に書いて壁に貼り、毎日お題目のように唱えていても、それが仕事の仕方や生き方を制御するまでには至らないでしょう。しっかりと腹に落ちるまで理解してはじめて、行動規範として機能するのだと思ってください。

行動規範や職業倫理は、それを実行しようとすると、現実の世界ではしばしば矛盾と遭遇することになります。

たとえば人材開発のプロフェッショナルなら、会社の経営課題を解決するための人材開発を求められたにもかかわらず、個人の支援に忠実であろうとすれば、「わかりました。私はこの会社を辞めるのが一番いいですね」と、優秀な社員を退社に導くことも、当然起こり得ます。

あるいは、会社から依頼されて社員のコーチングを行い、社員本人から「本当にやりたいことは何か」を引き出すことに成功したまではよかったが、それはいまの会社ではどう考えても実現できないことだった場合、コーチとしてどうすべきだと思いますか。

かといって、長く会社に貢献したいと思うように、社員の気持ちを誘導しようとしたらどうでしょう。これは必ず社員に見抜かれます。そうすれば社員の信頼は得られないので、コーチングの効果は上がりません。


私の知っているあるコーチは、常にAB二種類の帽子を用意していて、最初はAの帽子を被ってコーチングをし、その結論が会社として望ましくない場合は、帽子をBに取り換えて、こういうのだそうです。「ここからは立場を変えます。あなたのような優秀な社員が辞めてしまうのは、会社にとっては大きな痛手です。たしかにあなたのやりたいことを社内で実現するのは難しいですが、それに近いことならできるかもしれません。それを一緒に考えましょう」

会社と社員の利益が相反するケース以外にも、顧客の依頼どおりのことを行うことが、結果的に顧客にマイナスになるということもあります。

このように現実社会は矛盾に充ちており、それらの矛盾とうまく折り合いをつけながら、問題解決を行っていくのがプロフェッショナルの仕事なのです。

## ザッケローニ監督は精神支援の名人

自分が身につけてきた強み、職務経験のなかで繰り返し行うことによって獲得した得意技を把握しておくのは、プロフェッショナルとして大事なことです。

しかし、いつもその強みや得意技を無意識のうちに使うようになると、失敗の確率は高くなります。

たとえば、どうしたいのかまず相手に問いかけ、考えさせたうえで背中を押してやるという、コーチング型のリーダーシップが得意でも、年がら年中「君はどうしたいんだ」では、仕事が進まないし、チャンスも逃してしまいます。そういう人でも急を要するときは、「これはこうなんだ」と自分が決め、部下をぐいぐい引っ張っていけなければ、いいリーダーとはいえません。

重要なのは、強みや得意技以外にも複数のポケットをもち、状況に応じてそれらのポケットを使い分けられることです。

東京大学大学総合教育研究センター准教授の中原淳氏が、職場における支援的なコミュニケーションスタイルに関して、業務支援、内省支援、精神支援を場面によって使い分けることが重要だと指摘しています。

「これはこうしなさい」「これは参考になるよ」というように、直接やり方やルールを教えるのが業務支援。

「こういう可能性は考えた？」「あなたのこの仕事は、顧客に対してどんな価値を生み出しているのか？」など、自らの気づきや腹落ちを促すのが内省支援。

失敗した部下に対し上司が「あまり気にするな。実は僕も昔、同じ失敗をしたことがあるんだ」と声をかけるのが精神支援です。

サッカー日本代表監督のアルベルト・ザッケローニ氏は、この精神支援コミュニケーションの名人だといわれています。

二〇一一年一月にカタール・ドーハで行われたＡＦＣアジアカップ決勝の対オーストラリア戦では、延長後半に途中出場した李忠成のゴールで、日本は優勝を決めました。実はこの李選手は大会期間中ずっと調子が悪く、控え組に回されていたのです。もともと彼は人一倍目立ちたがり屋なので、試合に出られなければモチベーションが上がるはずはありません。

ザッケローニ監督も、そんな李選手の性格をよくわかっていたのでしょう。食事のときなどに李選手を見つけると、すかさず寄ってきて耳元で「お前の出番は必ずある。いつでも出られるよう準備しておけ」とささやくのだそうです。李選手が最後までモチベーションを維持できたのは、この監督の声かけがあったからだといってもいいと思います。

これこそまさに、精神支援コミュニケーションです。

マネジメントに関しても、自己管理動機が強い上司は、部下の仕事を細かくチェックし、すべて自分の指示どおりやらせようとします。そういった「鍋奉行」のようなやり方がうまく機能する場合もあるでしょうが、一方で、部下にすべてを任せて自分はそれを見守ったほうがいいという場面もあります。そういうときも、それは我慢ならないとつい口をはさんでしまうようでは、部下はいつまで経っても成長できません。

やはり重要なのは使い分け。たとえ自分のやりたいこと、自分の動機にないことでも、状況や自分の置かれた立場を考え、最適なやり方を選ぶことなのです。

## フィードバックをもらい、ポケットを増やす

キャリアの初期段階では自信をつけるために、自分の動機がベースとなっていて成

果を出しやすい能力を開発し、仕事に挑戦してその能力を強化していけばいいと思います。

しかし、プロフェッショナルとして長くやっていきたいのなら、ある時点から自分の得意な部分をあえて制御し、動機はないが必要だと思われる能力を身につけることも考えるべきです。

自分の足りない部分を確認するには、同僚、友人、家族など周囲の人にお願いして、ネガティブなものも含め、できるだけたくさんフィードバックをもらうことです。自分とは違うタイプの人たちと、あえてつきあうのも効果的です。

人からフィードバックを受けると、気づきが生まれ、無意識無能の状態から意識無能の状態となります。次に、努力し、スキルを獲得することで意識有能へ、さらに継続する力により無意識有能にまで高めることは十分可能です。

そうやってポケットをできるだけ増やしておくこと。ポケットが多いというのも、プロフェッショナルの武器なのです。

## 名経営者は、なぜ晩節を汚すのか

動機に基づいた能力やスキルは、その人の強みになりやすいといえますが、反対に、動機が弱みにつながる場合もあります。

たとえば対人関係で、最後まで相手の話を聞いていられず、途中で口をはさまずにはいられないという人がいますが、こういう人は主張動機が強く、理解動機が弱いのです。

反対に、つまらない話でも辛抱強く聞くことができる人というのは、単に主張動機が弱いからだという言い方もできます。

一般的に、人の話をきちんと聞くことができる人は人格者で、自己主張ばかりする人は人間が未熟のようにいわれますが、実は、これは動機の違いによるものなのです。

自分の動機がどのような形で行動や思考に影響を与えているか、一度検証してみてください。そして、もしあまり好ましくない出現の仕方をしているようなら、そこは意識して修正を施す。これもプロフェッショナルとして長くやっていくためには、絶対に必要なことです。

若いころは名経営者と呼ばれていた人が、道半ばで突然暴走をはじめたり、晩節を汚すような行動をとるようになったりといったことは、決して少なくはありません。一見、その人の志の低さや哲学のなさがそのような形で露呈したように思えますが、私はそうではないと思います。多くの場合それは、セルフマネジメントの能力が年齢とともに失われ、その結果、傲慢な振る舞いに歯止めがかからなくなるというケースがほとんどなのです。

人を自由にコントロールしたいというパワー動機が強い人が、その強い動機をコントロールできなくなって、人の意見に耳を貸さず「俺のいうことをきけ」ばかりになると、周囲は怖がり、ネガティブフィードバックを誰もしなくなります。やがて近くにはイエスマンしかいなくなり、最後は裸の王様になってしまう。晩年になって道を踏み外してしまう経営者というのは、たいていこういう経路をたどります。

キャリアの後半でとくに重要なのは、自分の強い動機を力任せに使うのではなく、いかに上手にセルフコントロールしていくかなのです。

それには、何歳になっても周囲からの声に謙虚に耳を傾け、変化には素直に対応できるようにしておくことが大切だといえます。

## ヴァイラントが指摘する防衛機制の成熟

人生は、決していつも平穏ではありません。ときに受け入れがたいような現実にも遭遇します。そういうときはどうやって乗り越えたらいいのでしょう。

それを考えるには、ハーバードメディカルスクールの医者であるジョージ・E・ヴァイラントの『Aging Well』がたいへん参考になります。

著者のヴァイラントは、昔の研究を引き継いで数百人もの人たちを六十年以上にわたって追い続け、八十歳になったときに幸せだと感じている人と、そうでない人の違いはどこにあるのかというテーマで、分析を試みました。

その結果、大病や失業、配偶者との死別といった、にわかに受け入れがたい事態に対し、どのような防衛機制をとるかということが最も重要な要素であると、ヴァイラントはいっています。防衛機制とは、そのできごとから自分を救うために、無意識的に出てしまう行動で、これが未熟な人は、不幸になる確率が高いということです。

未熟な防御機制には以下のようなものがあります。

・投影――「自分がガンになったのは、あの医者が検査で見逃したから」というように、誰かの責任にすることで、受け入れがたい事態から逃れようとする。
・動的攻撃性――自傷行為など、自分を痛めつけることで自分を悲劇のヒーローに仕立て、心の救済を図る。病的なものはミュンヒハウゼン症候群と分類される。
・行動化――いきなりわめき散らす、といった衝動的行動に出る。
・幻想（乖離）――現実でない世界に逃げ込む。現実逃避。

反対に、幸福になっている人は、押し並べて防衛機制が成熟しているそうです。成熟した防衛機制とはこのようなものをいいます。

・昇華――現在の不幸な状況を「これは神様から与えられた試練」「これによって自分はもっと成長できる」などといって、もっと次元の高い問題に置き換える。
・ユーモア――最近は『癌と闘う―ユーモア川柳乱魚句集』などの本も出版されている。笑うことはガン治療にも良い影響があるといわれている。
・利他的行為――乳ガンになった人が、他の同じように苦しんでいる人のために互助組織を立ち上げる。
・抑制――自分の感情をコントロールし、平静を保つ。

プロフェッショナルは、生涯にわたって第一線で価値を提供し続けるのですから、それを可能にするためにも、防衛機制を成熟させることにも、ぜひ意識的に取り組んでほしいと思います。

# 条件8　多様で開放的な人間関係をつくる

## 「情けは人のためならず」が重要

プロフェッショナルは常に、最先端の知識や情報に触れている必要があります。そのためには、いつでもそれが入手できるよう、人脈を定期的にリニューアルしておかなければいけません。

若いころ築いた人脈は、年齢が上がるにつれて陳腐化していきます。陳腐化してしまったら、もうそこからは新しい情報は入らないので専門性は深まらない。一丁上がるしかなくなってしまいます。

人脈が陳腐化しやすい人には特徴があります。人を地位や肩書で判断する、自分の取り巻きだけと仲よくする、社会的立場のある人たちとばかりつきあおうとする、などがそうです。

また、経営者になった途端、経営者仲間としか交流をもたなくなる人がたまにいますが、これでは入ってくる情報も偏ってしまいます。自分と対等か、それ以上の人としかつきあおうとしないという人も、著しくバランスを欠くといわざるを得ません。

現代のように変化の激しい時代には、予期せぬチャンスや出会いの機会はたいへん重要であり、それが多く生まれる、多様で開放的な人間関係を築くことは、とくにプロフェッショナルにとっては不可欠だといえます。

その多様で開放的な人間関係を可能にするのが、「一般化された互酬性概念」です。互酬性の概念には、特定化されたものと一般化されたものの二つがあります。特定化された互酬性概念というのは、一対一の互酬性概念とも言い換えられる、いわゆる義理のことです。義理は受けたらその人に返します。だから一対一なのです。この、特定化された互酬性概念で形成されているのがムラ社会です。人間関係が閉じていて、内部の人どうしはものすごく深くつきあうが、外部の人は信用しないという特徴があります。

これに対し一般化された互酬性概念というのは、自分が困っているときに助けてもらったら、必ずしも助けてくれた人にお返しをすることが大事なのではなく、自分と同じように困っている人を助けてやることが大事だという考え方です。

誰かの役に立ったら、それが巡り巡っていずれは自分のところに戻ってくる、という意味の「情けは人のためならず」ということわざがあります。一般化された互酬性概念というのは、まさにそういうことなのです。

先輩に育ててもらったから、今度は自分が後輩を育てる番だという育成の連鎖が起こるのも、一般化された互酬性概念が多くの人に共有されているからだといっていいでしょう。

## 会社がゲマインシャフト化している

ゲゼルシャフトとは、人がある目的や利害達成のために人為的に形成した集団、これに対しゲマインシャフトは、地縁や血縁などによって自然発生的にできあがった、全人格的に拘束を受ける集団のことで、ともにドイツの社会学者フェルディナント・テンニースの提唱した社会形態の概念です。

会社というのは本来ゲゼルシャフトの典型なのですが、日本ではどういうわけかゲマインシャフト化してしまっていて、このことがさまざまな問題を引き起こしています。

会社がゲマインシャフト化し、閉じた同質性の高い人間関係のなかに社員が絡め取られてしまうと、その影響をいちばん受けるのは家庭です。

ある調査では共働きの夫婦に比べて妻に専業主婦をさせている夫は、家庭が何よりも大事だと思っているという答えが高い一方、その家族と話す時間は逆に少ないといいます。いま家族が求めているのは、家族を経済的に支えるために会社で遅くまで働くことより、十分なコミュニケーションで精神的支えになることなのです。学校のＰ

TAに、会社員のお父さんがこれほど参加しない国は珍しいといいます。

昔は、家で働くお父さんの背中を見ることが最大のキャリア教育でしたが、いまや子どもがその姿を見ないばかりか、会話さえままならないのでは、子どもたちが社会に出て働く将来のイメージがわくわけがありません。

「会社は家族だ」という言い方がありますが、それがゲマインシャフト化を意味するなら、その社会的費用はいまや極めて大きいというべきでしょう。

キャリアの面でも、会社のゲマインシャフト化はマイナスになっています。変化の時代には、攻めの姿勢でキャリアを進めていかなければなりません。しかし、閉じた同質性の高い人間関係では、変化に応じて自分のキャリアを進めていくチャンスに出会いにくくなるといわれています。

## 開放的な絆と閉じた絆は、どちらも大切

ただし、強い絆の閉じたネットワークにもよさはあります。たとえば、治安のよ

さ。昔ながらの地域コミュニティーでは、現在より犯罪の発生件数は少なかったし、起こった場合も、やはりいまよりかなり高い確率で犯人は検挙されていました。これは、同質性の高い人間関係が相互監視の役目を果たしていたからです。

それから、ひどい目にあって傷ついたとき、精神的なセーフティーネットになってくれるという役目も、強い絆の閉じたネットワークにはあります。

仕事で受けたストレスや心身のダメージをいやしてくれるのは、家庭や家族のような、強い絆の閉じた人間関係なのです。

会社というのはあくまで「行く」ところ。それに対し「帰る」場所というのは、通常家庭や家族がその役目を果たします。帰る場所があれば、人はどこに行っても安心して全力を尽くすことができるのです。

ところが、高度成長期のモーレツ社員のように、帰る場所の役目まで会社にしてしまうと、定年後に帰る場所がないという悲惨なことになってしまいます。

ましてや現在のように変化の激しい、想定外のことが起こるのが当たり前の時代には、会社以外に帰る場所を確保しておくことが、ことに重要です。

二〇一一年三月十一日に起きた東日本大震災のあとは、地域コミュニティーという閉じた同質性の高い絆が強まりました。同時に、地域外から来たボランティアや、さまざまな人たちの支援は、多様で開放的な〝弱い〟絆を強化する役目を果たしたといえそうです。

一方、九・一一米国同時多発テロでは、直後から閉じた同質性の高い絆だけがみるみるうちに強まりました。そして、それは多様な人たちへの寛容性の低下を招き、結果としてそれまで米国の強みであった、産業の創造性が失われてしまったという指摘もあります。

多様で開放的な絆と、同質性の高い閉じた絆はそれぞれ役割が違うので、やはり両方ないと社会はうまく機能しないのでしょう。要はどちらも大事なのですが、キャリアの発展には前者が重要であり、それが行われる仕事の世界でひどい目にあった時のセーフティーネットとしての閉じた関係は、仕事の世界そのものである会社ではない、別の場所が必要ということです。

とくに日本の大企業では、多様で開放的な絆を、もっと強める必要があるといえます。

ちなみに寛容性を高めるには、多様で開放的な関係性を広げ、異質の意見にも進んで耳を傾けることが重要です。また、相互作用を引き出すには、要は相手の立場でものを考えることを心掛けてください。これを社会心理学では「パースペクティブテイキング」というそうです。この習慣が、異質を排除せず生かす相互作用につながるといわれています。

## ハッシュ・ハウス・ハリアーズのユニークな運営

これまでは会社というひとつのタテ社会に所属し、その序列を上っていくというキャリアモデルが日本では一般的でした。しかし、これからプロフェッショナルとしての働き方をしていこうと思うなら、会社以外の複数のヨコ社会に所属して、多様で開放的な人間関係をつくっていくことに、もっと力を入れるべきです。

欧米の職業団体や中国の同郷コミュニティーなど、海外にはヨコ社会の人脈づくりの例は枚挙に暇がありません。日本にも弁護士会や医師会などがありますが、そういうものが身近にない人は、自分から積極的に動かなければなりません。

たとえば転職も、ヨコ人脈を増やすきっかけになります。なぜなら、転職しても前の会社の人たちとのつながりを切らなければ、その人たちと開放的なネットワークをつくることができるからです。ただし、ケンカ別れのような辞め方をすれば、その会社の人脈はそこで切れてしまうので、人脈は広がりません。転職の際は、辞めたあとのことも考えなければいけないということです。

ヨコ社会というのは仕事だけとは限りません。趣味の世界にも目を向ければ、可能性は無限に広がります。

ひとつ例を挙げましょう。

ハッシュ・ハウス・ハリアーズ。競争ではなく楽しむことを目的として、一九三八年にマレーシア・クアラルンプールで英国の軍人が始めたランニングクラブです。現在では世界百六十カ国以上に支部があり、十万人以上のメンバーが所属しています。

このクラブがユニークなのは、走り方から走ったあとの宴会まで、ルールやり方が世界共通だという点です。だから、日本でこのクラブに入っている人が、海外に出張に行って少し時間ができたと思ったら、インターネットで地元のクラブを探して連絡すればすぐに集まりに参加できる。そして、最初から最後までとまどうことなく楽しめるのです。

こういうクラブに所属していれば、初めての土地で人脈をつくるのにも、それほど苦労は要りません。

ヨコ社会というのはこのように、開放的で多様な人脈をつくるのにとても役立つので、利用しない手はないでしょう。

## 条件9　自分らしいキャリアに落とし込む

### 十年後のキャリアゴールは意識しない

プロフェッショナルのキャリアとはどういうものか、という問いに対するひとつの答えが、「自分のキャリアを振り返ったとき、そこに自分らしさを感じることができる」です。

「自分らしさを感じる」は、「自分の背骨が生きている」「自分の個性が透けて見える」と言い換えてもいいでしょう。

過去に私が二千数百人のビジネスパーソンを対象に行った調査でも、「自分のキャリアを振り返って自分らしいと思える」という人は、例外なく「自分のキャリアを自分で切り拓いてきた」という実感をもっていました。

ところが、自分のキャリアを自分で切り拓いてきたという質問と、「あなたは五年後、十年後のキャリアゴールを常に意識していたか」という質問の相関係数はわずか〇・一ちょっとにすぎなかった。

つまり、プロフェッショナルが自分らしいキャリアを自分で切り拓いていくのに必要なのは、長期的具体的なゴールではないということです。

では、カギとなるのは何なのでしょう。調査の結果から浮かび上がってきたのは、次の二つのキャリア形成のパターンでした。

一つは、専門性の深掘りから幅を広げていくキャリア。そしてもう一つが、幅広い想定外の経験から、徐々に自分らしさに絞り込むキャリア。

以下、具体的に説明していきます。

## 専門性の深掘りから幅を広げていく

これは、ものづくりに従事するエンジニアなどに多くみられるキャリアです。

多くの場合、大学院まで進んで自分の専門性をある程度のレベルまで高め、就職したらその専門性を最初から自分の仕事で活かしていきます。どの分野でも高い専門性を求められるようになってきているので、キャリアの初期から自分の専門性を深掘りする経験は貴重です。

しかし、狭い範囲の専門性だけを深掘りしていたら、十年もすれば想定外の変化に対応できなくなってしまいます。このままではスペシャリストにはなれても、プロフェッショナルにはなれません。

そこで、そうなるのを防ぐためには、ただ専門性を深掘りするだけでなく、幅広い能力を必要とする仕事も、並行して行うようにするのです。

たとえば製品の製造コストを下げるという課題に対し、自分の担当の設計の範囲だけでそれをやるのは、ひとつの変数しか扱わないということですから、どうしても成果が限られ、目線も低い位置に固定されてしまいます。

しかし、製造工程や売り方まで含めて視野に入れれば、抜本的なコスト削減が可能かもしれません。ただそうなると他の部門の協力が得られなければなりません。それにチャレンジすることで、他の職種の人たちの視線を学びます。

また、それを実現するための他部門との交渉は、ヨコのリーダーシップという普遍性の高い能力を養う絶好のトレーニングです。

大事なのは自分の専門性を深掘りしながら、それだけで完結するような仕事をせず、目線を高め、普遍性の高い能力が身につく仕事に果敢にチャレンジすること。若いうちからこれを意識していれば、どんどんキャリアは開けていきます。

ある程度専門性を深めた後に、もう少し幅を広げたいと思ったら、それが可能になるように、自分のほうから積極的に布石を打っていくといいでしょう。

ただし、自分のキャリアを広げたいので異動したいと直接的に訴えるのは、単なるわがままに聞こえる恐れもあるので、あまりお薦めできません。アピールするなら、「こういうことを勉強しているので、このプロジェクトに参加させてもらえたら、自分はこんなアウトプットができます」「わが社はいま、こんなことに取り組むべきだと思います。私ならそれをこうやります」というような、あくまで仕事上の提案にすべきです。また、社内公募のような制度を積極的に利用するのもいいと思います。

人間に興味があり、他部署の人たちとの人間関係を築くのもまったく苦にならないというSEの話をしましたが、技術者でありながら、実は自分の専門性とは関係ないところに、普遍性の高い勝負能力をもっていて、あるときそれに気づいたという人もいます。そういう可能性についても探ってみるといいでしょう。

技術者のなかには、自分はいまの分野で専門性を追い続け、四十歳を過ぎたら管理職になるのだろうと、漠然と考えながら働いている人も少なくないと思います。

こういう人は、キャリアや人生には幅があるということに気づくことが大切です。国際的なプロジェクトに参加して、海外の研究者たちと数カ月一緒に仕事をしたところ、彼らの自由なキャリア観に刺激を受けた。

異動で新しく上司になった人は、優秀なマネジャーであるだけでなく、自分の専門分野では相変わらず現役を続け、しばしば学会でも発表をしている。彼に出会って、マネジメントと専門性の追求の両立は可能だとわかった。

このように、何かきっかけがあると、自分がいまやっていることの延長線上以外にもキャリアはあるのだ、ということに気づくことができます。

## 幅広い想定外の経験から、徐々に自分らしさに絞り込む

専門的な勉強をしてきた人が、それを仕事に活かすつもりで就職したのに、入社したらまったく関係ない部署に配属されたという話はよくききます。

理由はいろいろあるでしょう。内定を出したあとに会社の状況や市場環境が変わっ

て、その人の専門性が必要なくなってしまったのかもしれません。専門性を評価されて採用されたと思っていたのは学生のほうだけで、会社側は最初から、彼の専門性など重視していなかったということも考えられます。

また、希望どおりの仕事に就いても、途中でまったく関係ない部署に異動させられるということも、会社勤めにはつきものです。

いずれにせよそれで腐っていたら、キャリアはそこでつまずいてしまいます。

そうならないためには、これ以外に自分の生きる道はないという考え方は最初からもたず、それがどんな仕事であっても主体的に取り組む。そして、なんとかやることができたという経験を増やしていくのです。こうしていると、想定外の状況に置かれても自分は乗り切ることができるという自己効力感が育ってきます。

しかし、いつまで経っても「何でも来い」では、結局、振り回されてくたくたになった挙句、キャリアとしては何も残らなかったということにもなりかねません。

そこで、年齢とともに、自分らしいキャリアに絞り込んでいくということが必要になってきます。予想外の変化を受け入れ、乗り越えるということを繰り返しながら、一方で自分のキャリアの方向を定め、そこに徐々に流れを集中していくのです。

これには、有効な方法がいくつかあります。

**①先物キャリアで動向に賭ける**

これから先自分が活躍できそうな分野を決め、先回りして勉強を始めるのです。その際は、いまはまだ人気がなく、自分がパイオニアになれそうな分野を選ぶといいでしょう。新しいことならチャレンジして失敗しても、周囲からわりと大目に見てもらえるし、その分野自体が伸びれば、同時に自分のキャリアも伸びるので効率がいい。伝統があって先達がたくさんいる分野に賭けるより、成功の確率は高いといえます。

**②テーマをもち続ける**

テーマとは要するにキャリアの背骨のことです。目の前の仕事とは別に、自分なりのテーマをもち続けていれば、チャンスに出会う機会も増え、結果的にキャリアがその方向に進みやすくなります。

**③偶然できた複数の専門性や、得意技の組み合わせで個性を生み出す**

たまたま配属されたのだとしても、一生懸命勉強してその部門で必要な能力やスキルを身につけておき、次に異動になったところでも、また同じようにする。そうすると、この人は二つの分野の専門性をもつことになります。

Aの分野には詳しくても、同時にBの分野にも精通しているという人は少ないはずですから、これはまさにその人の個性であり、自分なりのキャリアをつくるうえで貴重な武器になります。

**④普遍性の高い勝負能力に気づく**

いろいろな経験をしながらそのなかで、どんな仕事でも価値を生み出せる自分の勝負能力を見つける。これができると、想定外の仕事に就いても、それを自分らしいキャリアにしていくことができるようになります。

目の前の仕事に主体的に取り組み、背骨を忘れず、人脈とスキルへの投資を怠らなければ、キャリアは進んでいきますが、それでもどこかで節目は必ずきます。たとえば、四十歳を過ぎてこのまま第一線でやり続けるのか、それとも新たにマネジメントの世界でプロフェッショナルを目指すのか、自分で決めなければならなくなるというのは、まさにキャリアの節目だといえます。

そして、このとき必要なのが、直感的な意思決定による節目デザインです。どちらの道を選べば、より活き活きと働けるのかを想像する能力を、脳科学の世界では感情予測機能といいます。節目ではこの機能を活用し、最後は「よし、こっちだ」という方向を直感的に選ぶのです。

神戸大学大学院経営学研究科教授の金井壽宏氏は、キャリア目標をつくり、そこから逆算してキャリアをつくっていくことはできないが、節目のときだけはちゃんとデザインしなければいけないといっています。そのとき役に立つのが直感的な意思決定のスキルなのです。

# 条件10　ワークとライフを統合する

## 変化への対応力が弱まっている

近年の仕事の分業化と専門化の進み方をみていると、これは明らかに人間の進化のスピードをはるかに上回っているといわざるを得ません。

分業化や専門化は、本来人間がもっている能力を偏らせます。その結果、想定外の事態に弱い人が増えているのです。

人間というのは、もともと非常に高度で多様な能力をもっています。いい例が、人間がヘビを怖がるメカニズムです。

下等動物は、天敵に遭遇すると逃げるよう、ＤＮＡに書き込まれています。しかし、これだと突然変異で出現した天敵には対応できないので、ちょっとした変化で簡単に種が絶滅してしまうのです。

ところが、サルのような高等動物になると、何が天敵かではなく、「一度でも怖い思いをさせられた相手は天敵だから、次に遭ったら逃げろ」という、より普遍性の高い情報だけが遺伝するようになります。

さらに、これが人間になると、自分が体験しなくても、突然現れたヘビのそばにいる母親が恐怖の表情を浮かべただけで、子どもは母親の目線の先にいるヘビを怖いものだと認識する。だからヘビを怖がるようになるのです。

人間が進化を遂げることができたのは、このような変化に対応する能力が、たいへん優れていたからだといっていいでしょう。

ところが産業化社会になって分業が始まると、人間は能力の一部しか使わなくなります。そうすると、突然環境が変わって、いままで使っていなかった能力を使う必要性が出てきても、筋肉と同じで普段使っていない能力は衰えてしまっているので、うまく働かせることができません。

だから、変化の激しい時代ほど、仕事ばかりしていると、仕事に必要な能力が身につかないという皮肉なことが起こるのです。

同じようなことは体力と知力の関係でもいえます。オフィスで毎日コンピュータの前に座ってばかりいる人は、あえてジョギングやジムに通う時間をとらないと、メタボリック症候群になるのを避けられない。狩猟採取時代には、わざわざ身体を動かそうなどという発想はなかったはずです。

## 感情脳が劣化しているSE

また、使う能力の偏りは、社会生活にも影響を及ぼします。ソフトウェアのプログラミングというのは、非常に論理的な仕事です。そして、IT業界の技術者は、それを毎日朝から晩までやり続けることを求められています。そうすると、脳の感情を司る部分がだんだんと衰えて、感情の正常なコントロールができなくなってくる危険性があります。

最近増えている、ささいなことですぐキレるというのは、まさに感情の制御ができない人の典型だといえます。

また、相手の気持ちが理解できないというのも、やはり感情脳の劣化に原因があるといっていいでしょう。


私の知人が社長をしているソフトウェアハウスで、以前こんな事件がありました。

三十歳代の優秀なＳＥが仕事中、同僚の女性に面と向かって「君の足は太い」と言い放ったのです。もちろん彼女は烈火のごとく怒りました。

その場に居合わせた社長が、彼女に謝るように諭したところ、彼は不思議そうな顔でこう言ったのだそうです。

「お言葉ですが社長、彼女の足が平均より太いというのは客観的な事実です。それを聞いてどう思うかは、彼女の精神構造の問題ですから、私にはわかりません」

こう言ったら相手はどういう気持ちになるか、ということをシミュレーションする機能というのは、感情脳の働きのひとつです。これができなければスムーズなコミュニケーションなど、成立するはずがありません。

若いころから特定の仕事だけに専念していると、このように著しくバランスを欠く人間になりがちです。とくにスペシャリスト的な仕事をしている人は脳が偏りがちなので、ポケットを増やして使い分けることと、仕事以外で普段使っていない脳を意識して使うようにすることが大切だといえます。

特定の能力だけ発達させるのではなく、脳のあらゆる部分が使えるようでないと、想定外の変化にも対応し、そこで新たなる必要能力を短期間で習得し、長く第一線で価値を生み出し続けられるプロフェッショナルにはなれないのです。

## ワーキングマザーの勝負能力

プライベートの経験から、仕事の勝負能力が生まれることもあります。いい例がワーキングマザーです。

いまの日本社会で女性が働きながら子どもを育てるのは、決して楽なことではありません。しかし、仕事で自分のアイデンティティーを確立し、自己実現を図れるので、育児に自分のすべてを投影しなくてもすむという点では、むしろ専業主婦より育児が健全になりやすいという見方もできます。

専業主婦の場合、アイデンティティーが子どものお母さんしかなく、そこで自己実現するしかないという状況に陥りがちです。そうなると、育児がうまくいかないと非常にストレスがたまり、しかもたまったストレスを抜く場所がないので、どんどん追い込まれていく。これでは結果的に、理想的な育児はできないでしょう。

また、ＰＴＡ活動で会合の日程を決めるときには、働いているお母さんだと平日の昼間は仕事があるので難しい、逆に専業主婦は夫のいる週末のほうが家から出にくい、さあどうしましょうという問題が必ず起こります。

このときお互いの立場を理解し合いながら、うまく協力し合って調整していくというのは、まさにヨコのリーダーシップにほかなりません。

そして、ワーキングマザーにはこうやって身につけたヨコのリーダーシップを、自分の仕事の勝負能力にしている人が少なくないのです。

## キャリアビジョンとライフビジョンは不即不離

「一意専心」という言葉もあるように、日本ではひとつの分野に専念するのがよいことだと思われています。しかし、専念とは分業の強化であり、シナジーを喪失するということですから、決して望ましい形とはいえないのです。

とくに現代のような変化の激しい時代においては、長い間ひとつのことだけにコミットメントし続けるというのは、はっきりいって得策ではありません。

仕事人間にはなってもいいのですが、仕事だけ人間というのは避けるべきでしょう。

一度に複数のことを手掛けるのが難しいなら、二十代のうちは仕事中心で、結婚したら子どもに手がかからなくなるまでは家庭に軸足を置き、その後はまた仕事の比重を増やすというように、人生のフェーズで分けていくというのもひとつのやり方です。

仕事のキャリアだけではなく、ライフビジョンをもつことも忘れてはいけません。自分が送りたいのはどういう人生であって、そのなかで家族や地域との関係はどうしていくか。仕事とプライベートの間でどうやってシナジーを出していくのか、そういうことの一環として、プロフェッショナルとしてどういうキャリアをつくるのかを考えていくことが重要なのです。

私がかかわっている沖縄の人材開発プロフェッショナル養成講座の参加者のなかには、定年前の最後の転勤で沖縄に来て、定年後もここで暮らしたいという気持ちになって講座に参加したという人もいます。

人材開発の分野で価値が出せるプロフェッショナルとして、大好きな沖縄とかかわっていきたいというその人は、もともと第二の人生は地域とのかかわりのなかで生きていくという、明確なライフビジョンをもっていたのです。そういうものがなければ、沖縄転勤が次のアクションを起こすきっかけとなることはなかったでしょう。

プロフェッショナルとしてのキャリアビジョンとライフビジョンは、不即不離の関係だということを実践している好例でしょう。

# おわりに

仕事は何のためにやるのか。

この問いに対する答えを、やりがいといった内因的なものから探すのは、もちろん悪いことではありません。しかし、プロフェッショナルとしての働き方を目指すなら、国や社会あるいは顧客に対し、こういう価値を提供するために働くという規範的仕事観からの回答もできるようにしておくべきだと思います。

日本というのは西ヨーロッパと並んで、もともと規範的仕事観が非常に強い地域でした。高度に資本主義経済が発展した点でも、この二つの地域は共通しています。

梅棹忠夫氏は『文明の生態史観』（中公文庫）で、日本と西ヨーロッパはユーラシア大陸の両端に位置し、ともに辺境だった。だから異民族の侵入による社会の破壊的変革が少なく、安定していたので、経済が高度に発達できたと述べています。社会が安定していたからこそ、規範的仕事観というひとつの価値観を、長期にわたってもち続けることができたのだと言えるのではないでしょうか。

マックス・ヴェーバーの『プロテスタンティズムの倫理と資本主義の精神』（岩波文庫）によれば、西ヨーロッパ、特にその北半分の規範的仕事観のもととなっているのはカルバニズム（仕事は天からの使命という教え）で、ベルーフ、勤勉な習慣はここからきていると述べています。職務忠実、職種集団のヨコ社会、伝統的なプロフェッショナル概念なども、出自はみなカルバニズムだということになるでしょう。

ベルーフ（beruf）とはドイツ語で、日本では天職と訳されていますが、もともとは「神に救われて天国に行くために、神から与えられたミッションである自分の仕事を全うしなさい」という教えを指しました。そこから転じて天職となったのです。つまり天職というのは規範的仕事観のことで、英語のコーリング（calling）やプロフェッション（profession）の概念も同じだと考えていいでしょう。

日本ではしばしば、自分がやりがいを感じる、やっていて楽しい仕事が天職というように、内因的仕事観で規定されますが、語源を考えれば明らかに間違いです。

欧米の人事制度が職務記述書を重視する職務主義なのも、この天職という概念が生きているからだといえます。そういうことを理解せずに、「早いうちに自分が生涯携わる仕事を決め、職業教育を施すというヨーロッパのスタイルが、キャリア教育である」というような理解は、もちろん正しくありません。いまや、かの地のキャリア教育、職業教育の流れも、激変の時代に合わせて大きく変化しています。

それでは日本の場合はどうだったのか。これを知るには網野善彦氏の『日本の歴史をよみなおす』(ちくま学芸文庫)が参考になります。この本によると、室町以前の日本は重商主義が支配しており、ひと儲けを目指してリスク承知でアジアに出ていく、アントレプレナー精神が高く評価されていたようです。上昇獲得型仕事観が広く共有されていたといってもいいでしょう。

ところが、織田信長以降に農本主義が確立すると、そこで日本人の仕事観ががらりと変わりました。そして徳川時代には朱子学が政治利用されました。組織に対する忠誠心を重んじる「忠」という価値観を、儒教では本来優位にあった家への忠誠、先祖崇拝である「孝」と意図的に順位を入れ替えることで、組織規範的仕事観を強化してきたのです。

さらに明治維新以降は、忠誠心の対象が藩からお国へ、そして会社へと変わっていくのです。

戦後の経済成長は、徳川時代から何百年にもわたって国民に刷り込んできた組織規範的仕事観が猛烈サラリーマンを生み出し、彼らの働きで輸出型製造業が急成長した結果だといえます。

欧米では職種別労働組合のようなヨコ社会が発達したのに対し、日本はひとつの会社のなかですべてが完結するタテ社会なのも、仕事規範よりも会社規範を重視する価値観が背景にあると考えられます。

しかしながら、仕事規範であれ会社規範であれ、規範的仕事観が強い地域が経済発展を遂げたことは事実です。そして、現在は両地域とも、その規範が崩れつつあるという問題を抱えています。カルバニズムや二宮尊徳の銅像に、かつての力はもう宿っていません。

そうするとどうなるか。新興国には上昇獲得型功利的仕事観、いわゆるハングリー精神がまだ生きていますが、経済が成熟した先進国の国民にそれを求めるのは、はっきりいって無理があります。すると残るのは、損害回避型功利的仕事観と内因的仕事観です。

けれども、内因的仕事観ばかりが行き過ぎると、やりたくない仕事はやらなくていいといって働かない人が増え、経済が回らなくなってしまいます。また、損害回避型仕事観だけだと守りに入ってしまうので、やはり経済は停滞します。

いまの日本に必要なのは、内因的仕事観の強化ばかりでなく、もう一度規範的仕事観をつくり直すことです。もっというと、社会規範的仕事観や仕事規範的仕事観と、やる気や成長感といった内因的仕事観を併せもつ、プロフェッショナル的な働き方をする人が増えることこそが、この問題の唯一の解決策ではないでしょうか。

上昇獲得型の人が、プロフェッショナルとしていつまでも第一線で働くより、ビジネスリーダーや経営幹部を目指すのはもちろんかまいません。

損害回避型仕事観の強い人は、目先の生活や家族の利益を失わないことが仕事のドライブになりますが、それはしばしば組織への精神的経済的依存を強化し、プロフェッショナルとしての働き方と相反するようになります。

プロフェッショナルの働き方というのは、誰かに対し価値を生み出していれば、いつかそれが自分の利益となって返ってくるというマネーフォローズが基本です。何かを失わないために働くというのでは、プロフェッショナルにはなれません。

普遍性の高い学びを繰り返しながら勝負能力を身につけ、やりがいや成長感、満足感などの内因的仕事観とともに、自分はこういう価値を社会や顧客に生み出すという背骨にこだわっていく、それがプロフェッショナルです。

社会が規範的仕事観を刷り込んでくれるのをじっと待っている時代ではありません。自分でそれを定義し、自分に課していくよりほかないのです。

高橋俊介

高橋俊介（たかはし・しゅんすけ）
1954年東京生まれ。東京大学工学部航空工学科卒業、プリンストン大学工学部修士課程修了。米マッキンゼー東京オフィスを経て、米ワイアット社の日本法人ワイアットに入社、93年同社代表取締役社長。97年独立し、ピープルファクターコンサルティングを設立。2000年慶應義塾大学大学院政策・メディア研究科教授に就任。11年11月より慶應義塾大学大学院政策・メディア研究科特任教授。
主な著書に『キャリアショック』（SB文庫）、『人材マネジメント論』『組織改革』『キャリア論』（以上、東洋経済新報社）、『スローキャリア』（PHP文庫）、『自分らしいキャリアのつくり方』（PHP新書）など多数。

編集協力：山口雅之

PHP
Business Shinsho

PHPビジネス新書 205

プロフェッショナルの働き方

2012年2月3日　第1版第1刷発行

著　者　高橋俊介
発行者　安藤卓
発行所　株式会社PHP研究所
東京本部　〒102-8331　千代田区一番町21
ビジネス出版部　☎03-3239-6257（編集）
普及一部　☎03-3239-6233（販売）
京都本部　〒601-8411　京都市南区西九条北ノ内町11
PHP INTERFACE　http://www.php.co.jp/
装幀　齋藤稔
組版　朝日メディアインターナショナル株式会社
印刷所　共同印刷株式会社
製本所　共同印刷株式会社


ISBN978-4-569-80187-2

# 「PHPビジネス新書」発刊にあたって

わからないことがあったら「インターネット」で何でも一発で調べられる時代。本という形でビジネスの知識を提供することに何の意味があるのか……その一つの答えとして「**血の通った実務書**」というコンセプトを提案させていただくのが本シリーズです。

経営知識やスキルといった、誰が語っても同じに思えるものでも、ビジネス界の第一線で活躍する人の語る言葉には、独特の迫力があります。そんな、「**現場を知る人が本音で語る**」知識を、ビジネスのあらゆる分野においてご提供していきたいと思っております。

本シリーズのシンボルマークは、理屈よりも実用性を重んじた古代ローマ人のイメージです。彼らが残した知識のように、本書の内容が永きにわたって皆様のビジネスのお役に立ち続けることを願っております。

二〇〇六年四月

PHP研究所